Die schönsten Kinderfeste

Stephan Faust (Hrsg.)

Die schönsten Kinderfeste

Rezepte ★ Spiele ★ Verkleidungsideen

Ideen und Texte von Judy Williams
und Dr. Gisela Hennekemper

Weltbild Verlag

ISBN 3-89350-583-0
Lizenz von Worldcopy Est. Verlagsgesellschaft, Vaduz, Liechtenstein
für Weltbild-Bücherdienst, Augsburg

Erstveröffentlichung 1992 unter dem Titel „Children's Parties"
by Hamlyn, ein Imprint von Reed Consumer Books Limited,
Michelin House, 81 Fulham Road, London SW3 6RB

Die Ideen und Texte für die Feste auf den Seiten: 18-25, 34-41, 50-57, 66-73, 84-91, 102-109, 118-125, 136-143 stammen von Judy Williams, alle anderen von Dr. Gisela Hennekemper.

Umschlaggestaltung: Andreas Ruers, Wiesbaden
Titelbild: Fiona Pragoff, England
Fotos und Zeichnungen für o. g. Seiten: Fiona Pragoff – Family Circle, UK-Octopus Publishing Group, Limited – Paul Williams
Fotos: Anschlag und Goldmann, Borken: Seite 30 o., 116; Creativ Studios Heinemann, Mettmann: Seite 64 o.; Lupe A Cunha: Seite 137; C. Damler, Taunusstein: Seite 15, 26, 27, 28, 29, 30 u.; Mick Duff: Seite 22/23, 69, 70/71, 122, 123, 124/125; Alan Duns: Seite 106/107; Family Circle: Seite 37, 53, 85, 86 o., 86 u., 87, 88, 88/89, 89, 90/91, 121, 138, 139; Grauel & Uphoff, Hannover: Seite 1, 5, 6/7, 11; Info-Zentrale Eiskrem, Bonn: Seite 33 o.; James Jackson: Seite 54; Chris Knoggs: Seite 55, 108; Michael Michaels: Seite 105; Duncan McNicol: Seite 136; Fiona Pragoff: Seite 2, 13, 16/17, 20, 34, 35, 36, 41, 50, 52 o., 52 u., 56, 57 o., 57 u., 66, 67, 68, 72, 84, 102, 103, 104, 106, 118, 119, 120 o., 120 u., 141 u., 143; Studio-Team, Wolfgang Zöltsch, Langen: Seite 8, 42, 43, 44, 45, 46, 47, 58, 59, 60, 61, 62, 63; TLC Foto-Studio, Velen-Ramsdorf: Seite 31 o., 32, 48, 49 u., 80/81, 83, 100, 100/101, 101, 115, 132; Michael Wissing BFF, Elzach-Katzenmoos: Seite 31 u., 33 u., 49 o., 64 u., 65, 80, 82, 99, 116/117, 117, 133, 134, 135; Heidi Zöllner, Hamburg: Seite 7; Paul Williams: Seite 8/9, 20/21, 21, 24, 25, 38, 39, 40, 40/41, 73, 107, 109, 140, 141 o., 142.
Zeichnungen: Beatrice Hintermaier, Biberg: Seite 28, 58, 60, 63.
Reinzeichnung des Vorlagebogens: Evelyn Gelhard, Niedernhausen.
Übersetzung der engl. Texte: Annette Kolb, Stuttgart
Redaktion: Stephan Faust, Simone Hoffmann
Herstellung: Albert Brühl

Satz und Lithografie: Grunewald Satz & Repro GmbH, Kassel
Druck: Ernst Uhl, Radolfzell

1999978194X7 2635 4453 62

INHALTSVERZEICHNIS

Wir planen ein Kinderfest 6

Das bunte Kinderfest-Festival 16

Unter Piraten! 18

Auf dem Bauernhof 26

Im Wilden Westen 34

Mit Sherlock Holmes auf Spurensuche 42

Manege frei! 50

Ausflug ins Märchenland 58

Im Land der Abenteuer 66

Phantastische Weltreise 74

„Zauberhaftes" Hexenfest 84

Lustige Kinderolympiade 92

Wenn wilde Tiere friedlich feiern … 102

Das Mäusefreundefest für Dreikäsehochs 110

Großes Teddybärenpicknick 118

Die bilderbuchbunte Bücherwurmparty 126

Winterliches Weihnachtsfest 136

Rezeptverzeichnis 144

Wir planen ein Kinderfest

Es gibt wohl kaum ein Kind, daß sich nicht auf eine Geburtstagsparty freut, besonders dann, wenn es sich um seine eigene handelt. Die Eltern teilen diese Freude jedoch nicht unbedingt. Wenn sie zum ersten Mal ein Fest für ihre Kleinen vorbereiten, fühlen sie sich möglicherweise ängstlich und unsicher. Auch wer schon einige Partys organisiert hat und die Feuertaufe als Festgestalter mit Erfolg bestanden hat, ist oft ratlos: Schnell gehen die Ideen aus, mit denen man den Kindern einen unvergeßlichen Tag bereiten könnte. Dieses Buch kommt Ihnen zu Hilfe! Es enthält nicht nur viele praktische Informationen, sondern auch Rezepte für die Kuchentafel, den Abendsnack oder für leckere Drinks – alkoholfrei, versteht sich! Ergänzt durch die zahlreichen Spielvorschläge, gibt dieses Buch vollständige Handlungsanweisungen und sorgt somit für einen sorgenfreien Ablauf eines erfolgreichen Kinderfestes.

Vorüberlegungen

Viele Dinge müssen beachtet werden, bevor man eine Kinderparty geben kann, die nicht nur reibungslos verläuft, sondern bei der jeder, auch Sie selbst, eine Menge Spaß hat. Die Teilnahme an einer Party ist eine wichtige Stufe in der Entwicklung des kindlichen Sozialverhaltens – die Kinder lernen nicht nur das richtige Verhalten in einer Gruppe, sie spielen auch gemeinsam und sind ohne die Eltern und in Konfliktsituationen auf sich selbst gestellt. Bei „Ihrer" Party werden Sie den „geborenen Anführer" schnell ausmachen können. Sie werden auch die schüchternen, ruhigeren Kinder schnell entdecken, die mehr Zeit brauchen, um sich in die Gruppe einzufügen, und die auch gerne mal alleine spielen. Ideal für Ihr Fest ist eine Mischung aus beiden Typen. Sie sollten nicht nur lebhafte Kinder einladen und glauben, daß Ihr Fest dadurch den nötigen Schwung erhält. Es gibt nämlich noch viele andere praktische Dinge, an die Sie denken müssen …

Wieviel wird es kosten?

Die Verpflegung kleinerer Kinder ist nicht kostspielig, da sie meistens nur etwas zum Knabbern möchten. Für ältere Kinder muß mehr Essen eingeplant werden. Laden Sie also weniger Kinder ein, falls das ein Problem für Sie darstellt. Es ist auch viel billiger, das Essen selbst zu kochen, als Fertigprodukte zu kaufen oder etwas aus dem Schnellrestaurant zu besorgen. Sie sollten auf jeden Fall genügend Getränke bereitstellen, da Kinder beim Spielen sehr durstig werden.

Auch bei den Spielen sollten sich die Kosten in Grenzen halten. Die Kleineren sind hier natürlich anspruchsloser – ältere Kinder zu unterhalten wird teurer. Es gibt zwar professionelle Entertainer, die die Kinder für ein paar Stunden unterhalten, aber das hat seinen Preis. Die Kinder haben genausoviel Spaß, wenn Sie ein paar einfache Dinge zum Essen anbieten, wie etwa selbstgemachte Hamburger und Pommes frites, gefolgt von einer kleinen Portion Eis und einer gehörigen Portion interessanter Spiele.

Wie viele Kinder soll ich einladen?

Das hängt vom Alter der Kinder ab. Es ist generell besser, nicht zu viele Kinder einzuladen – die Obergrenze sollte bei 12 Kindern liegen.

Die Gästezahl hängt auch davon ab, wen Ihr Kind einladen möchte: die ganze Klasse oder nur die besten Freunde.

Sicher kann da ein Kompromiß gefunden werden. Lassen Sie sich nicht dazu überreden, mehr Kinder einzuladen, als Sie für richtig halten. Denken Sie auch daran, daß Kleinkinder von ihren Müttern begleitet werden, denen man zumindest eine Tasse Tee oder Kaffee anbieten sollte.

Dadurch verdoppelt sich die Anzahl der Gäste.

Wann soll die Party steigen?

Vorschulkinder kann man gut am Nachmittag zu einer Party einladen. Denken Sie aber auch an die Eltern, die vielleicht ihre älteren Kinder von der Schule abholen müssen. Schulkinder feiern ihre Partys wahrscheinlich lieber am Wochenende, wenn sie mehr Zeit zur Verfügung haben. Sprechen Sie sich am besten mit den anderen Eltern ab, um sicherzugehen, daß die engsten Freunde an dem vorgesehenen Termin Zeit haben. So lassen sich auch Enttäuschungen vermeiden. Wenn Ihr Kind in den Schulferien Geburtstag hat, sollten Sie die Party am Schuljahresende oder zu Beginn des neuen Schuljahres feiern, damit der Geburtstag nicht unter den Tisch fällt. Sprechen Sie die Einladungen rechtzeitig aus. Sorgen Sie dafür, daß die Kinder passend gekleidet sind: für Partys im Freien eignen sich natürlich ältere Kleidungsstücke besser, bei Partys im Haus können auch die Lieblingskleider getragen werden.

Wie lange sollte die Party dauern?

Nicht allzu lange. Es ist besser, die Party dann zu beenden, wenn es am schönsten ist und nicht erst dann, wenn die Kinder zu streiten anfangen. 1½ bis 2½ Stunden reichen, besonders für kleinere Kinder, die leicht quengelig werden. Diese Zeit genügt, um die Gäste zu begrüßen, Geschenke auszupacken, zu spielen, zu essen und vor dem Heimgehen noch ein paar Spiele zu spielen. Wenn Sie die Kinder irgendwohin auswärts einladen, werden sie sich länger in Ihrer Obhut befinden.

Brauche ich Hilfe?

Die Antwort lautet ja. Bitten Sie Ihren Partner, Freunde oder Verwandte um Hilfe, dann können Sie im Team arbeiten. Es ist fast unmöglich, die Spiele zu organisieren und zu überwachen und gleichzeitig das Essen vorzubereiten und zu servieren. Selbst wenn Sie das schaffen – es braucht nur ein unglückliches Kind, um Sie unter großen Streß zu setzen! Wenn Sie eine Party für Kleinkinder geben, sollten Sie deren Eltern um Hilfe bitten. Kleinkinder müssen viel besser beaufsichtigt werden als ältere Kinder. Sie wollen gleichzeitig die Treppe hinaufsteigen, die Regale leeren und auf die Toilette! Das reicht, um Ihnen den Spaß an weiteren Festen kräftig zu verderben! Bitten Sie einen Freund, Fotos zu machen. Sie werden dazu keine Zeit haben, und es wäre doch schade, wenn Sie nachher keine Fotos von der Party hätten.

Der Geburtstagskuchen sollte in der Mitte stehen, wenn Sie das Essen servieren. Schließlich hat seine Herstellung viel Zeit und Mühe gekostet

Kinder essen gerne mit den Fingern. Deshalb sollten Sie nur Dinge anbieten, die in dieser Hinsicht kein Problem darstellen, und auch für Abfallkörbe sorgen

Sind schriftliche Einladungen nötig?

Für ein Kind ist es immer aufregend, eine Einladung zu bekommen. Auf der Einladung können Sie das Motto der Party bekanntgeben und damit große Vorfreude aufkommen lassen. Sie können Einladungskarten kaufen oder – je nach dem Motto der Party – selbst gestalten. In diesem Buch finden Sie viele Anregungen für lustige und originelle Einladungen. Bitten Sie die Gäste um eine Antwort, damit Sie genau wissen, auf wie viele Gäste Sie sich einrichten müssen. Wenn man kleineren Kindern die Einladung in der Schule überreicht, muß man damit rechnen, daß sie sie verlieren. Wenn das eine oder andere Kind die Einladung also nicht beantwortet, sollte man mit dessen Eltern in Verbindung treten, um sicherzugehen, daß das Kind die Einladung bekommen hat. Verteilen Sie die Einladungen rechtzeitig, besonders wenn die Geburtstagsparty an einem Feiertag stattfinden soll.

Was soll es zu essen geben?

Das hängt davon ab, wo die Party stattfindet und wie alt die Gäste sind.

Am besten ist es, wenn das Essen möglichst einfach ist. Plagen Sie sich nicht stundenlang an einem heißen Herd. Denken Sie daran, daß Kinder sehr wählerisch sind. Es ist deshalb ratsam, etwas zuzubereiten, von dem Sie wissen, daß die meisten Kinder es mögen. Wenn die Party im Freien stattfindet, brauchen Sie sich keine Gedanken über Krümel und verschüttete Getränke zu machen. Wenn Sie für die Party jedoch Ihr Wohn- oder Eßzimmer benutzen, sollten Sie nichts Eßbares anbieten, das die Möbel ruinieren könnte. Kleinkindern sollten Sie etwas geben, das sie ohne Probleme während des Laufens und Spielens mit den Fingern essen können. Wenn Sie einfache Gerichte wie Hamburger und Pommes frites servieren, sollten Sie darauf achten, daß alle Kinder am Tisch sitzen. Ältere Kinder mögen Buffets, an denen sie sich selbst bedienen und in kleinen Gruppen zusammenstehen und plaudern können. (Wenn sie in dem Alter sind, in dem sich Mädchen und Jungen voreinander genieren, entgehen sie so auch der Peinlichkeit, neben einem Gast des anderen Geschlechts sitzen zu müssen!)

Seien Sie auf kleine Mißgeschicke vorbereitet: Füllen Sie die Gläser nicht zu voll, benutzen Sie Pappteller, und haben Sie ein feuchtes Tuch bei der Hand. Informieren Sie sich vorher, ob einer der kleinen Gäste eine spezielle Diät einhalten muß. Falls ja, so sollten Sie dem betreffenden Kind ein ähnliches Gericht wie den anderen zubereiten, damit es sich nicht ausgeschlossen fühlt. Fragen Sie die Eltern des Kindes um Rat, oder bitten Sie sie, etwas zu essen mitzubringen.

Soll ich Preise verteilen?

Die meisten Kinder besitzen Kampfgeist und möchten Preise gewinnen. Dies kann jedoch zu Reibereien und Streit führen. Deshalb sollten Sie dafür sorgen, daß jedes Kind etwas gewinnt.

Die Gäste schauen dem Geburtstagskind gerne beim Auspacken der Geschenke zu. Dies trägt viel zu einer guten Partyatmosphäre bei

Bei den Spielen kann man ein Körbchen mit Süßigkeiten oder Gutscheinen bereithalten, aus dem sich nach dem Ende des Spiels erst der Sieger und dann alle anderen Kinder etwas aussuchen können. Sie können den Gewinner auch das nächste Spiel beginnen oder das Team für das nächste Spiel zusammenstellen lassen, anstatt ihm einen Preis zu verleihen. Viele Eltern fühlen sich genötigt, die Kinder mit einem Sack voller Geschenke nach Hause zu schicken. Die Entscheidung hierüber bleibt Ihnen überlassen. Seien Sie jedoch gewarnt: Bei älteren Kindern kann das ziemlich teuer werden! Bei den kleineren reichen ein Luftballon, etwas Kuchen und eine Schachtel mit Süßigkeiten völlig aus.

Wann sollen die Geschenke ausgepackt werden?

Jeder, der viel Zeit und Mühe auf die Auswahl eines Geschenks verwendet hat, möchte dabeisein, wenn es ausgepackt wird. Wenn möglich, sollten also die Geschenke während der Party ausgepackt werden. Wer schon einmal Kinder beim Auspacken von Geschenken beobachtet hat, der weiß, daß sie schnell von einem wahren „Auspack-Rausch" erfaßt werden. Vom Anblick der vielen Päckchen überwältigt, reißen sie eins nach dem anderen auf, ohne die einzelnen Geschenke richtig wahrzunehmen. Passen Sie auf, daß das möglichst nicht vorkommt – denn die Kinder, deren Geschenk links liegengelassen wurde, sind dann anschließend ganz traurig und enttäuscht!

Feiern wir im Haus oder im Freien?

Das hängt davon ab, ob Sie einen Garten zur Verfügung haben – und natürlich vom Wetter, das sich nicht genau vorhersagen läßt! Wenn es möglich ist, sollte man nach draußen gehen, um Unordnung und Schmutz im Haus zu vermeiden. Außerdem haben

Sie dann mehr Platz für die einzelnen Spiele zur Verfügung und können verschiedene Spiele spielen. Besonders Kleinkinder spielen gerne im Freien (zum Beispiel im Sandkasten). Je mehr Bewegungsfreiheit sie haben, desto weniger werden sie sich streiten! Prüfen Sie aber unbedingt, ob Ihr Garten kindersicher ist – ohne Löcher im Zaun und leicht zu öffnende Tore. Wenn Sie einen Teich oder ein Schwimmbecken haben, sorgen Sie dafür, daß die Kinder nicht hineinfallen können. Ganz wichtig ist auch, daß sich in Reichweite der Kinder keine giftigen Pflanzen oder auch Samen befinden.

Was mache ich mit den Helfern?

Sorgen Sie auch für Ihre erwachsenen Helfer. Auch sie nehmen an der Party teil, mögen aber nicht unbedingt schokoladenbeschmierte Finger! Dekken Sie etwas abseits von den Kindern einen Tisch mit Speisen und Getränken für die Erwachsenen. Wenn sie sich integriert fühlen, werden sie viel mehr Spaß an der Party haben.

Soll ich dekorieren?

Um die richtige Partystimmung aufkommen zu lassen, sollten Sie einige Dekorationen anbringen – und wenn es nur ein paar Luftballons sind. Wenn Sie eine Party unter einem bestimmten Motto geben, finden Sie im nächsten Kapitel einige Anregungen dazu. Luftschlangen aus Kreppapier und Geburtstagskarten auf den Regalen sorgen für die richtige Partystimmung. Hängen Sie ein paar Luftballons vor dem Haus auf, dann wissen die Gäste gleich, wo die Party stattfindet.

Welche Sicherheitsmaßnahmen muß ich treffen?

Herumtobende Kinder schubsen sich oft gegenseitig und stoßen leicht etwas um. Deshalb sollten Sie alles Wertvolle unbedingt vorher wegschließen. Es lohnt sich nicht, das Haus vor der Party zu putzen – die Kinder werden so viel Unordnung schaffen, daß es reine Zeitverschwendung wäre! Begrenzen Sie den Spielraum der Kinder, und erklären Sie ih-

DEKORATIONSIDEEN

★ Hängen Sie die Geburtstagsgrußkarten mit Hilfe einer Schnur an die Wand, oder stellen Sie sie auf ein Regal. Daraus läßt sich auch ein Spiel entwickeln: Können die Gäste erraten, wer welche Karte geschickt hat, und wissen sie noch, welche von ihnen ist?

★ Basteln Sie Mobiles, indem Sie einfache Formen aus farbigem Zeichenkarton oder Bilder aus Zeitschriften ausschneiden und diese zusammen mit Wattebällchen an einen Kleiderbügel aus Draht hängen.

★ Besprühen Sie einen Zweig mit Gold- oder Silberspray, und stellen Sie ihn in eine Vase. Dekorieren Sie das Ganze mit Flitter, und binden Sie Schleifen und kleine Kekse an die Enden der Zweige.

★ Schneiden Sie den Namen Ihres Kindes aus Zeichenkarton aus, bemalen Sie die Buchstaben, und hängen Sie sie an einer Schnur im Zimmer auf.

★ Falten Sie Rechtecke oder Kreise aus weißem oder farbigem Zeichenkarton viermal, und schneiden Sie dann kleine Stückchen heraus. Entfalten Sie die Rechtecke oder Kreise dann wieder, und hängen Sie die so entstandenen „Schneeflocken" im Haus auf, oder kleben Sie sie an die Fensterscheiben.

PAPIERSCHLANGEN

Schneiden Sie Kreise aus Papier in Spiralen. Befestigen Sie sie dann mit dem inneren Ende an der Decke, so daß sie als lange „Schlangen" nach unten hängen.

HIMMEL UND HÖLLE

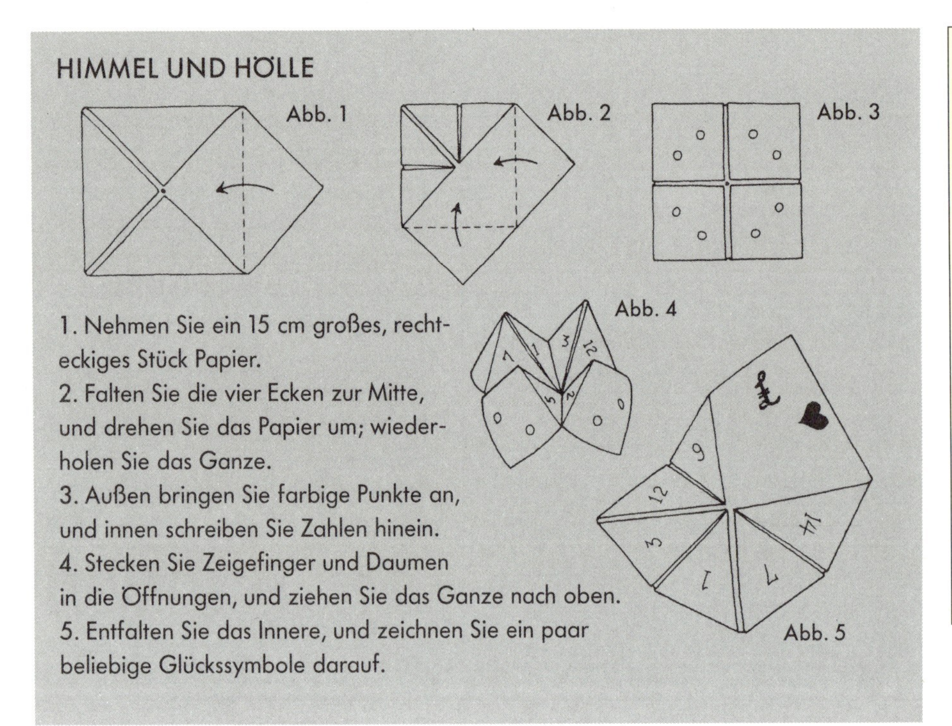

1. Nehmen Sie ein 15 cm großes, rechteckiges Stück Papier.
2. Falten Sie die vier Ecken zur Mitte, und drehen Sie das Papier um; wiederholen Sie das Ganze.
3. Außen bringen Sie farbige Punkte an, und innen schreiben Sie Zahlen hinein.
4. Stecken Sie Zeigefinger und Daumen in die Öffnungen, und ziehen Sie das Ganze nach oben.
5. Entfalten Sie das Innere, und zeichnen Sie ein paar beliebige Glückssymbole darauf.

TISCHKARTEN SELBERMACHEN

★ Schreiben Sie die Namen der Kinder auf je ein gefaltetes Stück Zeichenkarton, und stellen Sie das Tischkärtchen an den entsprechenden Platz. Bringen Sie die Buchstaben etwas durcheinander, dann wird es schwieriger!

★ Wickeln Sie einige Süßigkeiten in Kreppapier ein. Füllen Sie die Süßigkeiten in ein Röhrchen aus festem Karton, und wickeln Sie das Ganze so in Kreppapier ein, daß es einem großen Bonbon gleicht. Schreiben Sie die Namen der Kinder außen drauf.

nen, daß die Räume hinter den verschlossenen Türen für sie tabu sind. Bringen Sie unten an der Treppe ein Gitter an, um Kleinkinder am Wegkrabbeln zu hindern. Schließen Sie das Lieblingsspielzeug Ihrer Kinder weg, damit die Kinder nicht damit spielen und darüber ein Streit ausbricht. Wenn Kinder mit dem Spielen fertig sind, lassen sie ihr Spielzeug oft einfach liegen. Dann besteht die Gefahr, daß andere darauftreten oder das Spielzeug kaputtgeht. Rücken Sie die Möbel an die Wand, und entfernen Sie die Stehlampen. Nehmen Sie die Schlüssel aus den Schlüssellöchern, und prüfen Sie, ob die Kinder die Badezimmertür schließen können, ohne sich für die Dauer der Party im Badezimmer selbst einzusperren.

Sollen wir die Kinder ausführen?

Wenn Sie die Party in einer Gaststätte oder einem Schnellrestaurant feiern möchten, sollten Sie an die Beschränkungen denken, denen Sie sich hinsichtlich Transport und Anzahl der Gäste unterwerfen. Sie werden bei der Beaufsichtigung der kleinen, tobenden und ausgelassenen Kinder Hilfe brauchen. Diese Restaurants bieten jedoch gerade für Partys einen speziellen Service an, und manche sorgen sogar für einen Geburtstagskuchen! Sie sollten sich bei der Reservierung danach erkundigen. Etwas ältere Kinder kann man auch ins Museum, in den Zoo oder in einen Freizeitpark einladen. Sind die Kinder noch etwas älter, können Sie sie auch ins Kino, zum Schwimmen, Bowlingspielen, Rollschuh- oder Schlittschuhlaufen mit anschließendem Essen einladen. Die dabei entstehenden Kosten werden wahrscheinlich die Zahl der Gäste beschränken – das sollten Sie Ihrem Kind deutlich sagen.

Soll ich Videofilme zeigen?

Nachdem gespielt und gegessen wurde, kann man mit Videofilmen das Fest schön ausklingen lassen. Die Kinder setzen sich hin und beruhigen sich nach den aufregenden Spielen wieder. Außerdem können Sie so die letzte halbe Stunde der Party überbrücken – vor allem, wenn Ihnen inzwischen die Spielideen ausgegangen sind! Für einen langen Film bleibt keine Zeit, wählen Sie deshalb einen

FRÖSCHE IM TEICH

1. Falten Sie ein Quadrat viermal, falzen Sie es, und entfalten Sie es.
2. Falten Sie die Ecken zur Mitte.
3. Falten Sie die zwei gegenüberliegenden Punkte einer Ecke zur Mitte.
4. Falten Sie das kleinere Dreieck von unten nach oben.
5. Falten Sie jede der neuentstandenen unteren Ecken zur Mittellinie.
6. Falten Sie das untere Rechteck zur Hälfte nach oben.
7. Falten Sie die obere Hälfte des Rechtecks wieder nach unten. Falten Sie die Spitze des oberen Dreiecks als Kopf des Frosches nach unten.
8. Drehen Sie das Ganze, und malen Sie die Augen auf. Drücken Sie Ihren Daumen auf den Rücken des Froschs. Wenn Sie loslassen, springt der Frosch nach vorn, am besten in eine flache Schüssel auf dem Fußboden.

★ Backen Sie kleine Kuchen, und verzieren Sie sie mit den Namen der Gäste aus Zuckerguß.
★ Schreiben Sie die Namen der Kinder mit wasserunlöslichen Stiften auf Plastiktassen, die nachher abgewaschen und mit nach Hause genommen werden können. Oder schreiben Sie die Namen auf den Rand der Plastikteller, die die Kinder nachher benutzen werden.
★ Schneiden Sie die Initialen der Kinder aus festem, farbigem Zeichenkarton aus, und legen Sie sie auf dem Tisch aus. Die Kinder müssen dann selbst herausfinden, wer wo sitzt.

Die Partyteller für die kleinen Gäste kann man nett dekorieren

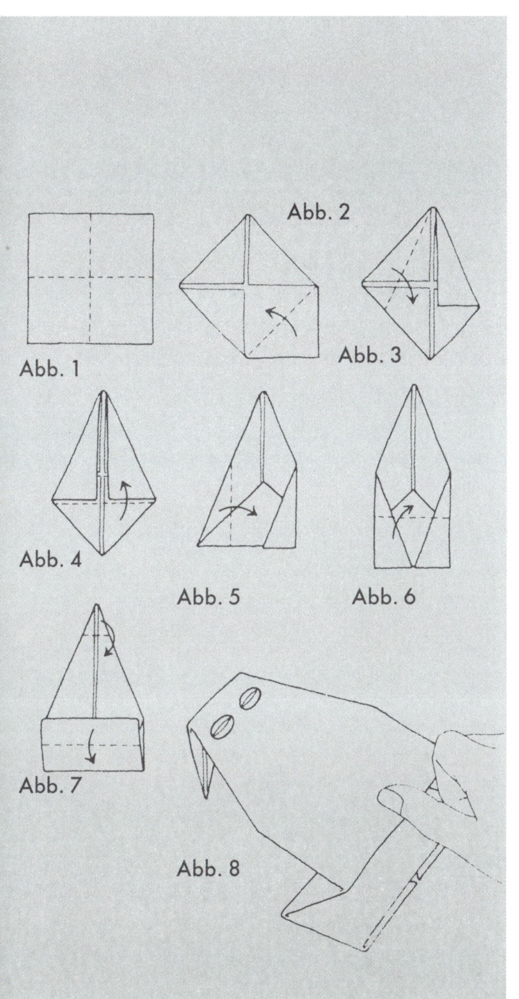

kurzen Zeichentrickfilm oder kleine Geschichten. Dies ist auch wichtig, da wahrscheinlich nach und nach die Kinder von ihren Eltern abgeholt werden. Mit einer sich ständig dezimierenden Teilnehmerzahl ist ein richtiges Spielen auch kaum mehr möglich.

Anbringen von Dekorationen

Beim Dekorieren des Hauses kommt man so richtig in Stimmung – es ist an sich schon wie ein Fest, und alle sind voller Vorfreude.

Sie brauchen für die Dekorationen nicht viel auszugeben. Manche Leute sind künstlerisch veranlagt und entwerfen alle möglichen Dekorationen. Andere sind nicht so begabt; es gibt jedoch viele Dekorationen, die sehr wirkungsvoll und trotzdem einfach herzustellen sind.

Entwerfen Sie für die Gäste ein großes Willkommensschild mit gut lesbarer Schrift. Wenn das Wetter schön ist, bringen Sie elektrische Christbaumkerzen draußen an, wenn Sie drinnen feiern, im Spielzimmer. Sie können auch andere Weihnachtsdekorationen verwenden – vorausgesetzt, sie haben keinen typisch weihnachtlichen Charakter und sind unzerbrechlich.

Bitten Sie um Mithilfe, selbst wenn es nur darum geht, unzählige Luftballons aufzublasen! Verteilen Sie sie im Zimmer, und binden Sie sie auch an die Haustür, um den Gästen zu zeigen, wo die Party stattfindet. Man kann die Luftballons auch bei den Spielen einsetzen, und die Gäste können sie am Ende der Party mit nach Hause nehmen. Reiben Sie die Ballons an einem Wollpullover, dabei werden sie statisch aufgeladen und haften dann an den Wänden.

Kaufen Sie eine Rolle Kreppapier, und schneiden Sie es in dünne Streifen. Ziehen Sie die Streifen quer durch den Raum, und lassen Sie sie die Wände herabhängen. Diese Dekoration ist sehr wirkungsvoll, besonders bei einer Faschingsparty.

Tischdekorationen

Bedecken Sie den Tisch mit einer alten Decke, um ihn so gut wie möglich vor Beschädigungen zu schützen. Nehmen Sie dann eine weiße Papiertischdecke und ein paar farbige Wachsmalkreiden. Fordern Sie die Kinder auf, das Tischtuch selbst zu bemalen. (Achten Sie darauf, daß das Tuch nicht zu weit herabhängt, da sich die Kinder darin verheddern und es zerreißen können.)

Schneiden Sie die Fotos von beliebten Popstars und Comicfiguren aus Heften und Magazinen aus, und kleben Sie sie auf das Tischtuch. Zeichnen Sie dann Sprechblasen an die Mundöffnungen, und bitten Sie die Kinder, das hineinzuschreiben, was die Stars ihrer Meinung nach sagen würden. Derjenige, der die meisten Stars erkennt, bekommt seinen Tee oder Kakao zuerst.

Verteilen Sie einige Stücke Zeichenkarton sowie Wachsmalkreiden oder Stifte. Dann können die Kinder ihre eigenen Platzdeckchen gestalten und sie später als Andenken mit nach Hause nehmen.

Der Kuchen sollte in der Mitte des Tisches stehen. Allzuoft wird der Kuchen nur hereingebracht, wenn die Kerzen brennen. Dann werden sie ausgeblasen, und der Kuchen wird wieder weggetragen und in der Küche aufgeschnitten. Lassen Sie ihn doch auf dem Tisch stehen, damit die Gäste ihn bewundern können – schließlich haben Sie viel Zeit in ihn investiert! Wenn Sie die Kerzen anzünden, sollten Sie den Kuchen jedoch vom Tisch nehmen. Es ist zu gefährlich, sich mit brennenden Streichhölzern über Kinder zu beugen. Außerdem werden Sie feststellen, daß Kinder es sehr lustig finden, die angezündeten Kerzen sofort wieder auszublasen!

Wenn Sie den Kuchen nicht in die Mitte des Tisches stellen möchten, dann binden Sie einige mit Helium gefüllte Luftballons zusammen, und befestigen Sie sie mit einem schweren Gewicht in der Tischmitte. Binden Sie auch jeweils einen Luftballon an jede Stuhllehne, dann können die Kinder die Ballons am Ende der Party mit nach Hause nehmen.

Sie können auch die Lieblingsstofftiere Ihrer Kinder hübsch anziehen und sie alle zusammen in die Mitte des Tisches setzen. Es sieht dann so aus, als ob sie das Essen austeilen würden.

Sie können auch einen Korb mit kleinen Geschenken, Luftballons und Süßigkeiten füllen und ihn dann in die Tischmitte stellen. Die Kinder dürfen sich dann etwas aussuchen und es mit nach Hause nehmen.

Verkleidungen

Schneiden Sie ein Stück Karton in 5 cm breite Streifen, und tackern Sie die Enden so zusammen, daß die Streifen um den Kopf eines Kindes passen. Legen Sie farbigen Zeichenkarton, Zeitschriften und Folie bereit, und schneiden Sie daraus Federn, Blätter oder geometrische Muster zu. Malen Sie sie bunt an, und tackern Sie sie an das Stirnband.

Sie können auch breitere Streifen zuschneiden, deren Enden Sie wiederum zusammentackern. Aus der oberen Hälfte der Stirnbänder können dann bestimmte Formen geschnitten werden. Die Außenseiten beklebt man mit farbigem Papier, Folie oder Stoff. So entstehen wunderschöne Kopfbedeckungen, zum Beispiel Kronen.

Sie können auch die Kinder bitten, einen Hut mitzubringen. Sie sollen dann während des Essens den Charakter der Person nachahmen, die den Hut oder eine andere Kopfbedeckung tragen würde (z. B. Turban, Baseballkappe o. ä.). Tauchen Sie kleine Nudeln – Makkaroni oder Penne – in Lebensmittelfarbe, und breiten Sie sie zum Trocknen aus. Legen Sie farbige Strohhalme und Bindfaden bereit, und fordern Sie die Kinder auf, sich daraus eine Halskette zu basteln.

Schreiben Sie die Namen von berühmten Figuren (zum Beispiel die Mainzelmännchen oder Miss Piggy) auf kleine Zettel, und werfen Sie sie in einen Hut. Dann zieht jedes Kind einen Zettel und versucht, sein Gesicht mit Hilfe von Fingerfarben in das Gesicht der berühmten Figur (oder Tier) zu verwandeln.

Fädeln Sie buntes, zusammengeknülltes Seidenpapier auf einen Bindfaden, und begrüßen Sie jeden Gast mit solch einem „Hawaiianischen Blütenkranz".

Spiel und Spaß

Spiele sind ein wichtiger Teil eines jeden Kinderfestes, und die Kinder freuen sich immer riesig darauf. Sie mögen Spiele, die sie schon gut kennen, und scheinen dabei niemals zu ermüden. Bei der Auswahl der Spiele müssen Sie darauf achten, daß Ihnen der nötige Platz zur Verfügung steht. Renn- und Tobspiele sind beispielsweise in einem dekorierten Zimmer kaum durchführbar. Planen Sie lieber ein paar mehr Spiele ein, da viele nicht immer so lange dauern, wie Sie vielleicht denken. Eventuell verlieren die Kinder die Lust, oder die Spiele klappen einfach nicht so gut, wie Sie erhofft hatten. Obwohl im folgenden Kapitel viele Spiele zu den einzelnen Partyideen vorgestellt werden, finden Sie hier noch ein paar ganz besonders gelungene Spielvorschläge.

Spiele mit Papier

Die Nase des Popstars

Nehmen Sie ein Poster vom Lieblingspopstar oder von der Lieblingscomicfigur Ihres Kindes, und befestigen Sie es an der Wand. Zeichnen Sie die Umrisse einer Nase auf ein Stück Karton, schneiden Sie sie aus, und kleben Sie etwas Plastilin auf die Rückseite. Dann verbinden Sie den Gästen nacheinander die Augen und bitten sie, die Nase auf die richtige Stelle im Gesicht des Popstars zu kleben. Die Kinder dürfen dabei den Rand des Posters nicht erfühlen. Um es etwas schwieriger zu machen, können Sie das Poster auch schief aufhängen!

Porträtzeichnen

Legen Sie ein großes Stück Papier und einige Filzstifte bereit. Verbinden Sie dann einem der Kinder die Augen, und fordern Sie es auf, ein Porträt von einem der Anwesenden zu zeichnen. Das Kind nimmt dann einen der Filzstifte und zeichnet ein Gesicht. Dann muß es mit einem anderen Stift die Nase zeichnen und so weiter, bis das Porträt vollendet ist.

Marienkäferchen

Die Kinder bekommen je ein Stück Papier und einen Stift sowie einen Würfel. Dann wird nacheinander gewürfelt. Wer eine Sechs würfelt, darf den Körper des Marienkäferchens zeichnen. Bei einer Fünf darf der Kopf hinzugefügt werden. Eine Vier bedeutet, daß eines der sechs Beinchen gemalt werden darf. Für die Augen muß jeweils eine Drei gewürfelt werden, für die Fühler eine Zwei und für jeden der vier Punkte eine Eins. Sieger ist, wer sein Marienkäferchen als erster vollendet hat.

Das Zeichenspiel

Schreiben Sie eine Liste mit Gegenständen, Tieren, Personen und Gefühlen. Dann werden die Kinder in Gruppen eingeteilt. Jeweils ein Kind aus jeder Gruppe kommt zu Ihnen, und Sie flüstern ihm einen Begriff von Ihrer Liste zu. Sie müssen jedem Kind dasselbe zuflüstern. Die Kinder gehen dann zu ihrer Gruppe zurück und zeichnen den Begriff für die anderen auf, ohne dabei zu sprechen. Sobald eine der Gruppen den Begriff erraten hat, kommen andere Kinder zu Ihnen, denen Sie den nächsten Begriff zuflüstern. Das Spiel gewonnen hat die Gruppe, die die meisten Begriffe von Ihrer Liste am schnellsten erraten hat.

Das Mosaikspiel

Schneiden Sie viele bunte Papierfetzen aus Zeitschriften und Comicheftchen aus. Verteilen Sie Papier, Stifte, Klebstoff und Pinsel an die Gäste. Fordern Sie sie auf, ein Bild zu zeichnen und es dann mit Hilfe der bunten Papierfetzen mosaikartig zu bekleben. Sehr große oder winzig kleine Papierfetzen eignen sich nicht, da das Spiel dann zu lange dauert und die Kinder sich zu langweilen beginnen.

Die musikalische Zeitung

Verteilen Sie die Seiten einer Zeitung auf dem Fußboden. Die Kinder müssen dann zu Musik im ganzen Zimmer herumtanzen, wobei sie auch auf die Zeitungsseiten treten sollen. Wer gerade auf einer Seite steht, wenn die Musik plötzlich stoppt, muß ausscheiden. Je weniger Kinder es schließlich sind, desto näher sollten die Zeitungsseiten nebeneinander liegen.

Das Raumschiff

Eine Woche vor der Party sollten Sie schon anfangen, Bonbonpapiere, Joghurtbecher, Pappröhren und -schachteln, Folienreste und andere Materialien, aus denen man etwas zusammenbauen kann, zu sammeln. Teilen Sie die Kinder dann in Gruppen ein, und lassen Sie sie aus dem Material, das Sie gesammelt haben, ein Raumschiff basteln.

Spielen macht hungrig

Tierpaare

Schreiben Sie die Namen von bekannten Tieren mit großen Buchstaben auf Pappkarton. Schneiden Sie jedes Kartonstück dann in der Mitte auseinander. Teilen Sie die Kinder in zwei Gruppen ein, und befestigen Sie jeweils eine Namenshälfte auf dem Rücken der Kinder. Sie müssen sich dann gegenseitig Fragen stellen wie „Welche Farbe habe ich?" oder „Bin ich groß oder klein?". Gewonnen haben die beiden Kinder, die als erste ihre „andere Hälfte" gefunden haben.

Der blinde Künstler

Legen Sie Papier, Stifte und eine Augenbinde bereit. Verbinden Sie den Kindern nacheinander die Augen, und fordern Sie sie auf, zum Beispiel ein Auto zu zeichnen. Das klappt normalerweise ziemlich gut, da sie alles an einem Stück zeichnen können. Wenn sie den Stift abgesetzt haben, bitten Sie sie, noch einen Dachgepäckträger oder eine Antenne hinzuzufügen. Das ist dann wirklich schwierig!

Denkspiele

Diese Spiele strapazieren das Gehirn und erfordern eher Konzentrationsvermögen als Kreativität oder Tatendrang. Die meisten dieser Spiele werden im Sitzen durchgeführt und eignen sich für das Ende der Party, da sich Kinder dabei beruhigen.

Der Augenzeuge

Nehmen Sie ein Kind mit in einen anderen Raum, und verkleiden Sie es mit Hilfe eines Mantels, Huts und Schirms, oder geben Sie ihm eine Zeitung in die Hand und so weiter. Gehen Sie dann alleine ins Spielzimmer zurück, und teilen Sie den Kindern Papier und Stifte aus. Erzählen Sie ihnen dann, daß ein Raubüberfall stattgefunden und die Polizei jemanden flüchten gesehen hat. Rufen Sie laut „Polizei!", worauf das verkleidete Kind hereingerannt kommt, eine Runde durchs Zimmer dreht und wieder hinausrennt. Die Kinder sollen dann eine Beschreibung des Räubers aufschreiben. Wer die genaueste Beschreibung liefert, hat das Spiel gewonnen.

Was fehlt?

Legen Sie einige Gegenstände auf ein Tablett, und fordern Sie die Mitspieler auf, sich alles genau anzusehen. Je älter die Kinder sind, desto mehr Gegenstände können Sie verwenden. Nehmen Sie dann das Tablett weg, und entfernen Sie ein oder zwei Dinge. Wenn Sie dann mit dem Tablett wiederkommen, sollen die Kinder sagen, welche Gegenstände fehlen.

Salz und Pfeffer

Nehmen Sie ein Kinderbuch, und fordern Sie die Kinder nacheinander auf, aus diesem Buch laut vorzulesen. Alle Wörter, die mit „S" beginnen, müssen durch „Salz", und alle Wörter, die mit „P" beginnen, müssen durch „Pfeffer" ersetzt werden.

Limericks

Dies ist ein interessantes Spiel für etwas ältere Kinder. Bitten Sie ein Kind, die erste Zeile eines Limericks laut aufzusagen, zum Beispiel: „Ein seltsamer Alter aus Aachen". Das nächste Kind ergänzt dann: „Der baute sich selbst einen Nachen" und so weiter, bis die fünf Zeilen des Limericks komplett sind.

Ja oder Nein?

Einem Kind werden eine Minute lang von allen anderen Spielern Fragen gestellt. Das Kind darf dabei nicht mit Ja oder Nein antworten, sonst hat es verloren und wird gegen ein anderes Kind ausgetauscht.

Ich packe meinen Koffer...

Ein Kind beginnt und sagt: „Ich packe meinen Koffer und nehme mit ... einen Badeanzug." Der nächste Spieler muß diesen Satz wiederholen und einen weiteren Gegenstand hinzufügen. Alle folgenden Spieler müssen zuerst die schon erwähnten Dinge nennen, bevor sie der Liste etwas hinzufügen dürfen.

Spiele im Freien

Für diese Spiele braucht man viel Platz, deshalb sollte man sie in einem Garten oder Park durchführen. Bei den meisten dieser Spiele müssen die Kinder in Gruppen eingeteilt werden. Die Kinder verbrauchen dabei so viel Energie, daß sie danach über Essen und Trinken herfallen werden!

Das Ruderspiel

Die Kinder werden in Gruppen von jeweils fünf Personen eingeteilt. Jede Gruppe hat vier „Ruderer" und einen „Steuermann". Die Ruderer stellen sich mit dem Rücken zur Startlinie hintereinander auf und legen sich gegenseitig die Hände auf die Schultern. Der Steuermann steht jedoch mit dem Gesicht in „Fahrtrichtung" und legt dem ersten Ruderer die Hände auf die Schultern. Bei „Los!" setzen sich alle in Bewegung, wobei der Steuermann die Richtung auf dem Parcours angibt und darauf achtet, daß alle in einer Linie laufen. Die Ruderer dürfen sich keinesfalls umdrehen! Gewonnen hat die Gruppe, die als erste die Ziellinie erreicht.

Limbotanz

Für dieses Spiel brauchen Sie einen langen Rohrstock oder Besenstiel. Er wird an beiden Enden von je einem Spieler ziemlich weit vom Boden entfernt gehalten. Alle anderen Mitspieler müssen sich zurücklehnen und unter dem Stock hindurchtanzen, ohne ihn zu berühren und ohne mit den Händen nachzuhelfen. Nachdem das alle geschafft haben, wird der Stock etwas tiefer gehalten, und das Spiel beginnt von vorne. Jedes Mal wird der Stock nun etwas gesenkt. Wer es nicht schafft, unter dem Stock hindurchzutanzen, scheidet aus. Wer jedoch unter dem am tiefsten gehaltenen Stock noch hindurchkommt, hat das Spiel gewonnen.

Dreibeinrennen

Teilen Sie die Kinder paarweise ein, und binden Sie sie an den Fußknöcheln mit einem Tuch nicht zu fest aneinander. Die Paare müssen nun den Parcours entlangrennen. Wer zuerst die Ziellinie erreicht, hat gewonnen. Bei älteren Kindern kann man den Parcours etwas schwieriger gestalten. Stellen Sie etwa einen Reifen auf, durch den die Kinder steigen müssen, oder legen Sie einen Hut bereit, der aufgesetzt werden soll.

Schubkarrenrennen

Teilen Sie die Kinder paarweise ein. Eines der Kinder macht einen Handstand, während das andere seine Beine ergreift und festhält. Die Paare müssen nun so schnell wie möglich und ohne umzufallen den Parcours entlangrennen. Wenn der Parcours nicht so lang ist, können die Kinder von der Ziellinie aus auch rückwärts wieder zum Start zurücklaufen!

Handikaprennen

Die Spieler stehen hinter der Startlinie, beugen sich nach vorne und umfassen ihre Fußknöchel mit den Händen. Auf „Los!" müssen sie zum anderen Ende des Parcours rennen, ohne ihre Knöchel loszulassen.

Berliner essen

Sie brauchen für jeden Spieler einen Berliner. Stechen Sie ein Loch durch die Berliner, und hängen Sie sie mit Hilfe eines Bindfadens an einer Wäscheleine auf. Alle Spieler müssen dann ihre Hände auf den Rücken nehmen und versuchen, auf diese Weise einen Berliner zu essen. Wer seinen Berliner zuerst aufgegessen hat, ist der Sieger des Spiels.

Das Bunte Kinderfest-Festival

Im folgenden Kapitel werden 15 Themenpartys vorgestellt, die nach einem bestimmten Motto gefeiert werden und für verschiedene Altersstufen abgewandelt werden können. Zu jedem der Feste finden Sie Dekorationsvorschläge, Basteltips, Back- und Kochrezepte sowie jede Menge Spielideen, mit denen Sie die Kinder pausenlos unterhalten können.

Unter Piraten!

Alle Mann an Deck, denn jetzt geht's auf zur Piratenparty. Nehmen Sie für die Einladungskarten Pergamentpapier, das Sie mit Hilfe eines Feuerzeugs oder eines Gasbrenners an den Rändern vorsichtig versengen. Das Versengen des Papiers sollte von einem Erwachsenen übernommen werden. Die Kinder können dafür die Nachricht schreiben und anstelle von Blut einen Tropfen roter Lebensmittelfarbe auf eine Ecke des Papiers fallen lassen. Dann läßt man das Ganze trocknen. Fordern Sie die Gäste und die erwachsenen Helfer auf, als Piraten gekleidet zur Party zu kommen: in alten Klamotten, Jeans oder Shorts, mit Gürtel und T-Shirt.

Wenn die Sonne scheint, sollten Sie die Spiele im Garten durchführen. Bereiten Sie den Schauplatz vor, indem Sie das Klettergerüst oder die Schaukel in ein Piratenschiff verwandeln. Vergessen Sie dabei nicht, ganz oben die Flagge mit dem Totenkopf und den gekreuzten Knochen anzubringen! Wenn die Party im Haus stattfinden soll, genügt es, wenn Sie die Flagge vor Ihrer Haustür wehen lassen und ein Zimmer für die Spiele freihalten.

Zu Beginn der Party bitten Sie die Kinder, sich auf dem Schiff ins Logbuch einzutragen. Für das Logbuch nehmen Sie ein größeres Stück Pergamentpapier, das Sie an den Rändern versengen. Geben Sie jedem Kind ein aus alten Leintüchern oder Stoff hergestelltes Halstuch und eine Augenklappe. Bitten Sie Ihren Helfer auch, die für eines der Spiele benötigten Entermesser aus Pappkarton herzustellen.

AUGENKLAPPE BASTELN

1. Schneiden Sie aus Zeichenkarton einige runde Formen aus, die groß genug sind, um ein Auge zu bedecken.
2. Machen Sie rechts und links je ein kleines Loch in die Augenklappe, und ziehen Sie ein Gummiband hindurch.

Messer im Kopf (S. 20/21): Die Vorlage für dieses furchtbare Messer finden Sie auf dem Bastelbogen am Ende des Buches. Schwert: Vorlage ebenfalls auf dem Vorlagebogen.

Für Kinder ist es aufregend, sich für eine Party zu verkleiden! Man braucht dazu gestreifte T-Shirts, alte, löchrige Jeans, Gürtel und alten Schmuck. Die Kinder spielen am besten barfuß

doch jederzeit umdrehen kann. Tut er dies, muß jeder, den der Kapitän beim Laufen erwischt, zurück an den Start. Derjenige, der dem Kapitän als erster so nahe kommt, daß er ihm auf die Schulter klopfen kann, wird der nächste Kapitän.

Scherzsack

Füllen Sie einen schwarzen Abfallsack mit allen möglichen lustigen Kleidungsstücken: Schuhe, Hüte und so weiter. Legen Sie ihn in die Mitte des Zimmers, und stellen Sie Musik an. Die Kinder stellen sich dann im Kreis auf und lassen eine Orange herumgehen. Wenn die Musik stoppt, muß derjenige, der die Orange gerade in der Hand hält, ohne hinzusehen etwas aus dem Sack herausfischen und anziehen – egal, was es ist! (Also auch einen Gymnastikanzug oder eine Pappnase.) Dann stellen Sie die Musik wieder an. Das Spiel geht so lange weiter, bis der Sack leer ist. Vergessen Sie nicht, Fotos von den Kindern zu machen!

Spiel und Spaß

Die Schatztruhe

Hierfür sammelt man schon vor der Party viele Schachteln in verschiedenen Größen. Legen Sie den Preis in die kleinste Schachtel, kleben Sie sie zu, und stecken Sie sie dann in eine etwas größere Schachtel. Wiederholen Sie das Ganze, indem Sie eine größere Schachtel verwenden.

Geben Sie immer ein kleines Geschenk oder eine Süßigkeit dazu. Wenn das Spiel beginnt, sitzen die Kinder im Kreis. Stellen Sie die Musik an, und lassen Sie die „Schatztruhe" im Kreis herumgehen. Wenn die Musik stoppt, öffnet das Kind, das die Schatztruhe gerade in der Hand hält, die äußerste Schachtel. Die Musik beginnt dann von neuem, und die Schatztruhe wird weitergereicht. Das geht so lange, bis der Gewinner die kleinste Schachtel öffnet und den Hauptpreis herausnimmt. Mit Hilfe der Musik sollten Sie sicherstellen, daß jedes Kind an die Reihe kommt und ein kleines Geschenk erhält.

Anschleichen

Bitten Sie eines der Kinder, den Kapitän zu spielen und sich mit dem Gesicht zur Wand zu stellen. Die übrigen Kinder stehen am anderen Ende des Zimmers. Sie müssen sich nun an den Kapitän heranschleichen, der sich je-

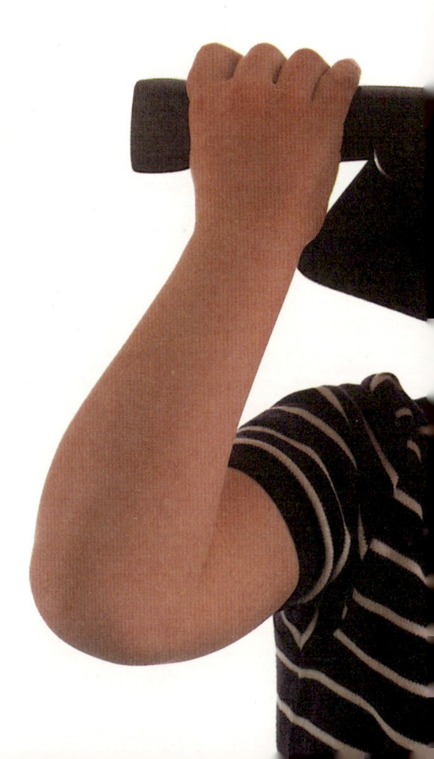

Piratenessen

Piratenschiffkuchen

Für den Teig:
175 g weiche Margarine
175 g Zucker
3 geschlagene Eier
175 g Mehl
1 TL Backpulver
1 EL Kakao
2 EL heißes Wasser
Für die Buttercreme:
175 g weiche Margarine
375 g gesiebter Puderzucker
1 EL Milch, 1 EL Kaffeepulver
Zum Dekorieren:
25 cm große, quadratische Kuchenplatte
6–8 Eiswaffeln
1 Bogen Pergamentpapier
3 Trinkhalme
50 g brauner Zuckerguß
1 Schokoladenzigarette
Rote Lebensmittelfarbe
etwas rosa Marzipanmasse
8 Lakritzkonfektstücke
2 Pfefferminzbonbons

Aus den Teigzutaten einen festen Biskuitteig zubereiten. Den Teig in eine gefettete, mit Backpapier ausgelegte, 20 x 30 cm große Form geben und im vorgeheizten Backofen bei 180 °C (Gas Stufe 2) 20–25 Minuten backen, dann abkühlen lassen und auf ein Kuchengitter stürzen. Die Zutaten für die Buttercreme verrühren, bis die Creme ganz locker ist. 2 EL davon beiseite nehmen. Den Kuchen in drei gleiche Stücke teilen und ein Stück davon wiederum in zwei Teile schneiden (Abb. 1). Dann die Buttercreme zwischen die beiden größeren Kuchenstücke geben (Bug.)
Den Kuchen in Form schneiden: Zwei Stücke rechts und links vom Bug ab-

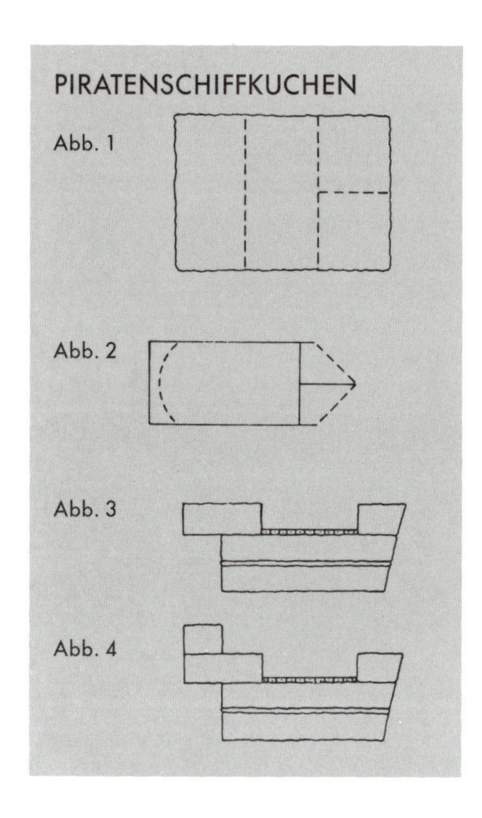

schneiden und zu einem Dreieck legen (Abb. 2). Alles mit Buttercreme bestreichen. Den Kuchen auf eine Platte legen und das Bugteil auf den Bug legen. Zwei der Waffeln hinter den Bug legen. Eines der verbleibenden Kuchenteile mit Buttercreme bestreichen und es als erstes Deck am Heck befestigen (Abb. 3). Das andere Stück halbieren, eine Hälfte mit Creme bestreichen und aufs erste Deck plazieren (Abb. 4). Alle Decks am Heck mit Waffeln belegen.
Papiersegel schneiden und auf die Trinkhalme stecken. Das vordere Segel mit der Schokoladenzigarette befestigen. Die übrigen Waffeln in Streifen schneiden und sie als Reling, Leisten und Fenster verwenden. Die restliche Creme rot färben. Das Schiff mit roten Punkten und braunem Zuckerguß verzieren. Aus der Marzipanmasse einen Anker schneiden. Das Lakritzkonfekt halbieren und als Kanonen in die Creme drücken.
Am Heck zwei Kanonen aus Pfefferminzbonbons und Lackritz plazieren.
(Foto S. 21).

Würstchenkette

Ergibt etwa 48 Portionen
750 g aneinanderhängende Cocktailwürstchen aus Schweine- oder Rindfleisch

Schneiden Sie die Würstchen ein, und legen Sie sie 30 Minuten in einen auf 200 °C (Gas Stufe 3) vorgeheizten Backofen. Nach der Hälfte der Backzeit wenden Sie die Würstchen vorsichtig. Lassen Sie sie auf Küchenpapier abtropfen, bevor Sie sie auf eine Platte legen.
(Foto S. 22/23: links)

Goldnuggets

Ergibt 24 Stück
250 g Mehl, eine Prise Salz
2 getrennte Eier
300 ml Milch
1 Dose Mais
Öl zum Fritieren

Das Mehl mit dem Salz in eine Schüssel sieben, mit den Eigelben und 150 ml Milch gut verrühren. Erst die restliche Milch, dann den Mais dazugeben. Das steifgeschlagene Eiweiß unterheben. Das Öl in einer Friteuse erhitzen. Den Teig eßlöffelweise hineingeben und jede Portion 3–4 Minuten fritieren, bis die Nuggets goldbraun sind. Anschließend das Ganze auf Küchenpapier abtropfen lassen.
(Foto S. 22/23: Mitte links)

„Schimmliges Brot"

Ergibt 12 Portionen
1 französisches Baguette
250 g Erdnußbutter

Schneiden Sie das Baguette – wenn nötig – diagonal in zwei Hälften, damit es in Ihren Backofen paßt. Schneiden Sie es dann wiederum diagonal in etwa 2 cm breite, zusammenhängende Scheiben. Bestreichen Sie die Scheiben dick mit Erdnußbutter. Legen Sie die beiden Hälften nebeneinander auf ein Backblech, und schieben Sie es für etwa 20 Minuten in einen auf 190 °C (Gas Stufe 2–3) vorgeheizten Backofen, bis das Brot knusprig und braun ist. Trennen Sie die Scheiben, und servieren Sie sie warm.
(Foto S. 22/23: Mitte rechts)

Schiffszwieback

Ergibt 36 Stück
175 g weiche Margarine
175 g Zucker
1 geschlagenes Ei
ein paar Tropfen Vanillearoma
250 g selbsttreibendes Mehl
eine Handvoll zerkleinerte Cornflakes

Rühren Sie die Margarine und den Zucker in einer Schüssel cremig. Geben Sie das Ei, das Vanillearoma und das Mehl hinzu, bis ein weicher Teig entsteht. Legen Sie die Cornflakes auf einem Teller aus, und wenden Sie den Teig löffelweise darin. Legen Sie die Stücke dann möglichst nicht zu nahe nebeneinander auf ein gefettetes Backblech.
Flachen Sie die Stücke etwas ab, und geben Sie das Backblech für 20 Minuten in den auf 180 °C (Gas Stufe 2) vorgeheizten Backofen, bis die Gebäckstücke goldbraun sind. Lassen Sie sie etwas abkühlen, bevor Sie sie zum weiteren Abkühlen auf ein Kuchengitter legen.
(Foto Seite 22/23: vorne)

Kanonenkugeln

Ergibt 24 Stück
375 g Schokoladenkuchenkrümel
250 g Nuß-Nugat-Creme
Schokoladenstreusel

Mischen Sie in einer Schüssel mit Hilfe einer Gabel die Kuchenkrümel mit der Creme. Die Masse zu kleinen Bällchen formen, in den Streuseln wenden und kühlstellen.
(Foto S. 22/23: rechts)

Piratenschmaus

Ergibt etwa 30 Stück
Für den Brandteig:
50 g Butter oder Margarine
150 ml Wasser, 65 g Mehl
2 geschlagene Eier
50 g Käse
½ EL Senfpulver
Für die Füllung:
25 g Butter oder Margarine
25 g Mehl, 175 ml Milch
¼ EL Senfpulver
75 g geriebener Käse
2 EL Mayonnaise
1 EL zerhackte Petersilie, Salz und Pfeffer

Lassen Sie die Butter oder Margarine in einem Kochtopf zergehen, fügen Sie das Wasser hinzu, und bringen Sie es zum Kochen. Das ganze Mehl dazugeben und schlagen, bis sich die Mischung vom Kochtopf löst. Etwas abkühlen lassen, die Eier nacheinander hinzufügen und das Ganze schlagen, bis die Mischung sämig ist. Den Käse und den Senf unterrühren. Die Masse dann löffelweise auf angefeuchtete Backbleche legen. Die Bleche für 10 Minuten in den auf 220 °C (Gas Stufe 4) vorgeheizten Backofen geben. Dann auf 190 °C (Gas Stufe 2–3) herunterschalten und die Masse für weitere 20 bis 25 Minuten backen. Die Bällchen an der Seite aufschlitzen, damit der Dampf entweichen kann. Anschließend auskühlen lassen.

Für die Füllung die Butter oder Margarine in einem kleinen Topf zergehen lassen. Dann nacheinander das Mehl und die Milch hinzugeben. Unter ständigem Rühren aufkochen lassen, bis die Masse eindickt. Den Senf, den Käse, die Mayonnaise, die Petersilie, Salz und Pfeffer einrühren und kühl stellen. Dann die Käsemasse in die Bällchen füllen.
(Foto S. 24: oben)

Karibischer Dip

Ergibt 450 ml
250 g Doppelrahmfrischkäse
4 EL Naturjoghurt
75 g fein gewürfelter Schinken
6 EL zerdrückte Ananas ohne Saft
Salz und Pfeffer

Geben Sie den Doppelrahmfrischkäse in eine Schüssel, und rühren Sie ihn glatt. Fügen Sie den Joghurt nach und nach hinzu. Geben Sie dann den Schinken, die Ananas, Salz und Pfeffer dazu. Rühren Sie alles kräftig. Servieren Sie den Dip mit rohem Gemüse: in Stücke geschnittener Blumenkohl, Karotten, Paprika und Sellerie.
(Foto S. 24: Mitte)

Blinde Passagiere

Ergibt 12 Stück
125 g Zucker
2 EL Kakaopulver
2 Eiweiße
12 Kugeln Pfefferminzeis
12 runde Pfefferminztaler, halbiert
36 Schokokügelchen

Schneiden Sie zwei Bogen Backpapier so zurecht, daß sie auf zwei Backbleche passen. Markieren Sie darauf zwölf Kreise mit einem Durchmesser von 7 cm. Den gesiebten Zucker mit dem Kakaopulver mischen. Die Eiweiße steif schlagen und die Hälfte der Zuckermischung darunterrühren. Dann den Rest dazugeben. Die Schokomeringen mit einem Löffel gleich-

mäßig auf den Kreisen verteilen. Das Ganze im vorgeheizten Backofen bei 110 °C (Gas Stufe 1/4) backen. Auskühlen lassen und je eine Kugel Pfefferminzeis auf die Meringen geben. Verwenden Sie halbierte Taler als Ohren und die Schokokügelchen als Augen und Nasen. Sofort servieren!
(Foto S. 24: unten)

Orangenboote

Ergibt 16 Stück
4 große Orangen
1 Packung Götterspeise mit Orangengeschmack
1 Bogen Pergamentpapier
16 Zahnstocher

Die Orangen halbieren und auspressen. Den Saft in einen Krug schütten. Mit einem kleinen Löffel die Membranen und die weiße Haut herauslösen, ohne die Schale zu beschädigen. Die Schalen mit der Öffnung nach oben auf ein Backblech legen.
Geben Sie die Götterspeise in einen Meßbecher, füllen Sie mit 150 ml kochendem Wasser auf, und rühren Sie, bis sich alles aufgelöst hat. Den Orangensaft hinzufügen und wenn nötig mit Wasser bis 450 ml auffüllen. Die Flüssigkeit leicht abkühlen lassen, in die Orangenschalen füllen und kalt stellen, bis sie fest geworden ist. Die Orangenhälften teilen. Aus Pergamentpapier Dreiecke ausschneiden, auf Zahnstocher stecken und als Segel auf die Boote setzen.
(Foto S. 25: unten)

Seeräuberbrause

Ergibt 2 Liter
1 l Fruchtsaft
1,2 l Limonade

Mischen Sie den Fruchtsaft und die Limonade in einem großen Krug. Servieren Sie das Getränk mit Strohhalmen.
(Foto S. 25: unten links)

Piratenfreude

Ergibt 1,25 Liter
900 ml Milch
1–2 EL Zucker
3 in Scheiben geschnittene Bananen

Mixen Sie die Milch, den Zucker und die Bananen in einem Mixer, bis alles aufgelöst ist. Mit Strohhalmen servieren.
(Foto S. 25: unten rechts)

Auf dem Bauernhof

Laut schnatternde Gänse, blökende Schafe, grunzende Schweine und eine kräftige Prise Kuhstallduft faszinieren Kinder immer wieder. Leider haben nur wenige Kinder die Möglichkeit, ein paar Tage auf dem Bauernhof zu verbringen. Liegt es da nicht nahe, ihnen einmal die Erlebniswelt Bauernhof nach Hause zu holen?

Schön wäre es, wenn Sie das Fest im Freien feiern könnten, doch alle Spiele können auch in der Wohnung durchgeführt werden. Sorgen Sie dafür, daß die Kinder in der passenden Kluft erscheinen: die Mädchen im Dirndl und mit Kopftuch, die Jungen mit Hosenträgern, Halstuch und Gummistiefeln. Falls die Party im Freien stattfindet, informieren Sie die Eltern der Kinder. Dann sollten die Gäste nämlich nur alte Klamotten anziehen, falls etwas schmutzig wird oder gar reißt. Schneiden Sie für die Einladungskarten die Umrisse von Bauernhoftieren aus Tonpapier aus, und schreiben Sie die Informationen für die Party darauf. Verwenden Sie für Schweine rosa, für Rinder braunes, für Gänse, Schafe und Ziegen weißes Papier usw.

Spiel und Spaß

Kartoffelwettkampf

Zwei Wettkämpfer stehen einander gegenüber. Jeder erhält zwei Eßlöffel. Auf dem einen liegt jeweils eine rohe Kartoffel. Mit dem zweiten Löffel versuchen die Spieler, die Kartoffel vom Löffel des Gegners herunterzuschlagen. Das Startkommando lautet: „Auf die Plätze, Kartoffel los!" Dieses Spiel bereitet den Kindern so großes Vergnügen, daß Sie dafür viel Zeit einplanen sollten. Vielleicht sollten Sie auch einen Titel vergeben? Was halten Sie von „Kartoffelkönig" oder „Kartoffelkönigin"?

Tierstaffel

Markieren Sie eine Laufstrecke mit Start und Umkehrpunkt. Zwei Mannschaften stellen sich an der Startlinie auf. Beim Startkommando:

„Kuhstallduft und Kälbermast,
keiner jetzt den Start verpaßt!"

watscheln die ersten Läufer im Entengang zum Umkehrpunkt, schlagen an, watscheln zurück, schlagen den nächsten Läufer zum Starten an und stellen sich hinter die anderen. Die zweiten Läufer laufen nun wie Hunde auf allen vieren. Die dritten hüpfen wie Frösche, die vierten galoppieren wie Pferde los. Zuletzt starten die Störche, indem sie die ausgebreiteten Arme auf und ab bewegen.

Es gewinnt die Mannschaft, deren letzter Läufer zuerst an der Start- und Ziellinie ankommt.

Konzert der Blinden

Allen Kindern werden die Augen verbunden. Je zwei Kinder ahmen die Tierlaute eines Hahns, eines Schafs, eines Schweins usw. nach. Indem die Kinder laut rufen, versuchen sie, ihre Artgenossen zu finden und sich die Hand zu reichen. Das Pärchen, das sich am schnellsten gefunden hat, ist Sieger.

Eselsschwänze

Alle Kinder bekommen einen langen Wollfaden (etwa 2 m), an dessen Ende sie einen Kugelschreiber befestigen. Das zweite Ende des Fadens binden sie sich so um den Bauch, daß das „Schwanzende" etwa 10 cm über dem Boden baumelt. Nun versucht jeder „Esel", seinen Schwanz, also den Kugelschreiber, so schnell wie möglich, ohne Zuhilfenahme der Hände, in ein Glas zu bekommen, das auf dem Boden steht.

Hindernislauf der blinden Kuh

Kennzeichnen Sie mit Wollfäden, leeren Flaschen und einem kleinen Hokker eine kurze Hindernisstrecke (siehe Zeichnung). Die „blinde Kuh" soll nun diese Strecke bewältigen, ohne vom Weg abzukommen und ohne eine Flasche oder den Hocker umzuwerfen.

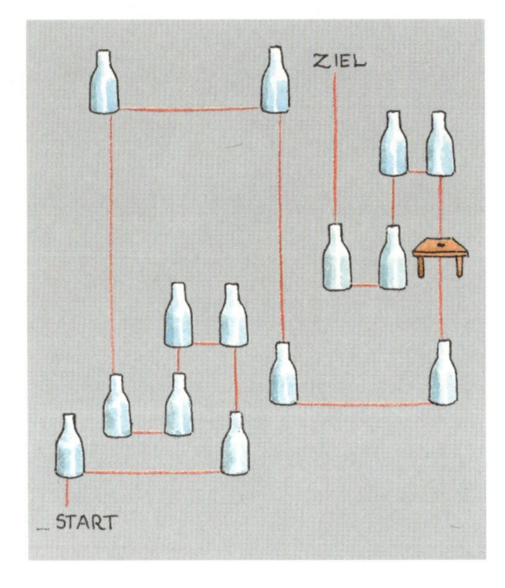

Wie das gehen soll? Sie muß immer in die gleiche Richtung gucken, darf dabei vorwärts, rückwärts, seitwärts, nach links oder rechts gehen (auf keinen Fall den Körper drehen!). Doch woher will sie wissen, wie sie gehen soll, wenn ihre Augen verbunden sind? Ganz einfach! Alle anderen Kinder haben sich vor dem Spiel in fünf verschiedene Tierarten verwandelt und helfen jetzt, indem sie die „blinde Kuh" in die richtige Richtung steuern.

Soll die Kuh nach links seitwärts gehen, ruhen die Hähne: kikeriki. Soll sie nach rechts, blöken die Schafe: mäh, mäh; vorwärts, grunzen die Schweine: oi, oi; rückwärts, brüllen die Kühe: muh, muh.

Bei einem Hindernis wiehern die Pferde. Dann weiß die Kuh, daß sie über den Hocker steigen muß. Nach ein paar Probeläufen ermitteln wir die schnellste Kuh mit Hilfe unserer Stoppuhr. Je nach Spielregeln gibt es für umgeworfene Flaschen ein bis zwei Strafsekunden. Das Schöne an dem Spiel ist, daß alle Kinder durch schnelles und richtiges Steuern daran beteiligt sind.

Eierlaufen

Markieren Sie eine Rennstrecke, die je zwei Kinder hin- und zurücklaufen müssen. Jedes hält in der Hand einen Löffel, auf dem ein Plastikball liegt. Fällt der Ball, muß er schnell wieder aufgehoben werden. Die jeweiligen Sieger treten wieder gegeneinander an und ermitteln so schließlich den Gesamtsieger.

Auch für den Staffellauf braucht jeder einen Löffel. Zwei Mannschaften stehen jetzt an der Startlinie. Die ersten Kinder müssen nach ihrem Eierlauf die „Eier" den nächsten übergeben, ohne dabei die freie Hand zu Hilfe zu nehmen.

Bei allen Spielformen können natürlich noch Hindernisse eingebaut werden, zum Beispiel ein gespanntes Seil zum Übersteigen oder Unterkriechen, ein Hocker zum Auf- und Absteigen, denkbar ist auch ein Flaschenslalom.

Käserollen

Ein Kind legt sich auf den Rücken, streckt die Beine nach oben und hält sich an den Fesseln seines Partners fest, dessen Füße seinen Kopf umrahmen. Der Partner ergreift ebenso die Beine des Liegenden an den Fesseln. Mit einer Rolle vorwärts des stehenden Kindes setzt sich der Käse in Bewegung. Achten Sie aber darauf, daß die Unterlage nicht zu hart ist, und geben Sie wenn nötig Stützhilfe.

Noch einfacher ist der Hindernislauf, wenn der Faden etwas über dem Boden gespannt ist und die Kinder ihn zwischen die Beine nehmen

Kartoffelkarre
Die Köchin braucht noch vier Kartoffeln, die die „Schubkarren" ihr besorgen sollen. Zwei Schüsseln mit je zwei Kartoffeln werden deshalb den beiden „Schubkarren" auf den Rücken geladen, die so schnell wie möglich nach Hause starten. Das Schubkarrenpaar, daß seine Kartoffeln zuerst bei der Köchin abliefert, hat am Ende gewonnen.

Schubkarrenrennen
Auf dem Bauernhof haben heute die Hennen ihre Eier (nehmen Sie kleine Schokoladeneier!) ganz verstreut gelegt. Zwei „Schubkarren" machen sich ans Aufsammeln. Sie tragen Umhängetaschen, in denen sie die aufgehobenen Eier sammeln. Wer bringt mehr Eier in die Küche?

Hahnenkämpfe
Zwei „Kampfhähne" verschränken ihre Arme über der Brust, gleichzeitig legen sie ihren rechten Fuß in die Kniekehle des linken Beines. Beim Startkommando versucht nun jeder, seinen Gegner so anzurempeln, daß er aus dem Gleichgewicht kommt und mit seinem zweiten Bein den Boden berührt. Die jeweiligen Sieger bilden wieder Wettkampfpaare, bis der Oberhahn gefunden ist.

Unsinnsgeschichte
Lesen Sie den Gästen die folgende Unsinnsgeschichte vor, und bitten Sie sie, die eingebauten Fehler zu finden. Selbstverständlich können Sie sich auch selbst eine Geschichte ausdenken. Vielleicht möchte ja auch das Geburtstagskind seiner Phantasie einmal freien Lauf lassen.

„Gerade hat Mutter Schwein im Kuhstall 13 Ferkel zur Welt gebracht. Sie wiehert laut: ‚Muh, muh!' Dem größten Ferkel, das von den Bauern auch Kümmerling genannt wird, geht es meist am besten. Jetzt haben die kleinen Schweine großen Durst auf Apfelsaft. Sie rennen zum Eber und trinken aus seinem Euter. Ein neugeborenes Schwein wiegt übrigens schon 50 kg. In der letzten Woche brachte die Stute Katharina zwölf Kälber zur Welt. Die kleinen Fohlen fressen besonders gern Schokolade.

Damit es den Lämmchen, die im Schweinestall munter zusammen spielen, nicht zu warm wird, werden sie im Winter geschoren. Besonders begehrt ist die Wolle der blauen Schafe, aus dem die blauen Pullover gestrickt werden.

Im Hühnerstall ist plötzlich große Unruhe, weil eine Gans ein Ei gelegt hat. Schon nach einem Tag schlüpft aus dem Ei das Gänseküken und kräht laut: ‚Kikeriki!'. Gänse haben, wie jeder weiß, keine Schwimmhäute und können deshalb nicht schwimmen, dafür können sie aber hoch und weit fliegen.

Sackhüpfen
Dieses Wetthüpfen wird auf einer Rennstrecke (je nach Alter auch mit Hindernissen) ausgeführt. Zwei Kinder steigen in Jute- oder Abfallsäcke und raffen die überschüssige Weite in Bauchhöhe mit den Händen zusammen. Beim Startkommando:

„Maler brauchen Lack,
Kinder hüpfen Sack"

hüpfen die Kinder los.

Bauernschmaus

Lammkuchen

Für den Teig:
125 g weiche Butter oder Margarine
80 g Zucker
1 Prise Salz
40 g gemahlene Mandeln
1 Prise Zimtpulver
50 g Weizenvollkornmehl
75 g Speisestärke
1 Msp. Backpulver
2 Eier
1 EL Öl für die Form
1 EL Semmelbrösel oder gemahlene Haselnüsse für die Form
Zum Dekorieren:
100 g Kokosraspeln

Heizen Sie den Backofen auf 175 °C (Gas Stufe 2) vor. Geben Sie Butter oder Margarine, Zucker, Salz, Mandeln, Zimt, Mehl, Speisestärke und Backpulver dann in eine große Rührschüssel.

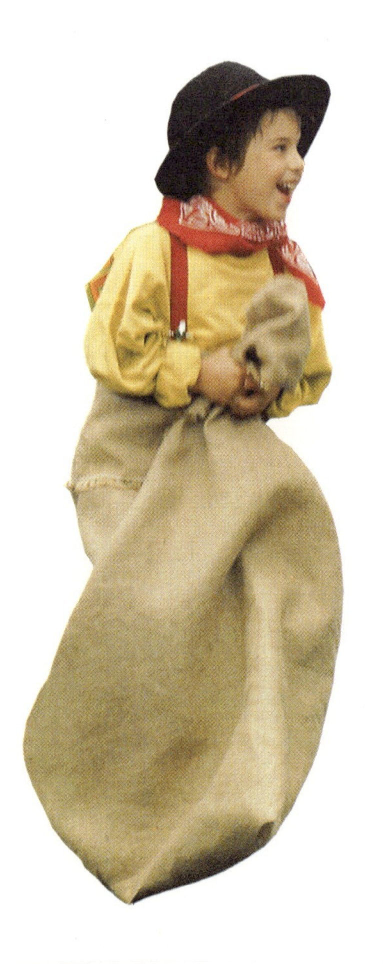

Lassen Sie die Eier hineingleiten, und verrühren Sie danach alles in etwa 2 Minuten mit dem Handrührgerät. Eine Lämmchenform mit Öl einpinseln und mit den Semmelbröseln oder den Haselnüssen ausstreuen. Füllen Sie den Teig in die Form, streichen Sie ihn glatt, und verschließen Sie die Form. Das Lämmchen auf der unteren Schiene 50–60 Minuten backen. Abkühlen lassen.
Lösen Sie das Lämmchen aus der Form, und schneiden Sie es unten gerade, damit es gut steht. Setzen Sie es auf die Tortenplatte, und bestreuen Sie es mit den Kokosraspeln.
(Foto S. 30)

Bauernfrühstücksbrot

Ergibt 4 Stück
4 Scheiben Roggenbrot
3–4 TL Butter
¼ Salatgurke, in Scheiben
8 Radieschen, in Scheiben
wenig Salz
etwas gemahlener weißer Pfeffer
3 Eier
4 EL Milch
3 EL Schnittlauchröllchen
etwas Kresse

Bestreichen Sie die Brotscheiben dünn mit Butter, und belegen Sie sie mit Gurken- und Radieschenscheiben.

Alles mit wenig Salz und Pfeffer bestreuen.
Verquirlen Sie die Eier, die Milch und den Schnittlauch, und lassen Sie das Ganze in einer beschichteten Pfanne stocken.
Verteilen Sie das Rührei auf die Brote, und bestreuen Sie zum Schluß alles mit Kresse.
(Foto S. 31 oben)

Kartoffelnester

Ergibt 8 Stück
800 g kleine Kartoffeln
1 TL Salz
400 g frische Erbsen
2 Möhren
50 g Butter
3 Eigelb
2 EL gemahlene Haselnüsse
2 EL gehackte Petersilie
1 Prise Muskat
2 EL Milch
Außerdem:
2 EL Vollkornbrösel
2 EL gehackte Haselnüsse
1 EL Sesam
40 g Butter

Waschen Sie die Kartoffeln, und dünsten Sie sie etwa 20 Minuten in wenig Salzwasser. Dünsten Sie die Erbsen ebenfalls etwa 20 Minuten in wenig Salzwasser. Putzen, waschen und schneiden Sie die Möhren klein, und geben Sie sie die letzten 3 Minuten dazu.
Pellen Sie die Kartoffeln, und drücken Sie sie durch eine Presse. Mischen Sie sie dann gut mit der Butter, 2 Eigelben, den Nüssen, der Petersilie und dem Muskat.
Geben Sie die Kartoffelmasse in einen Spritzbeutel mit breiter, gezackter Tülle, und spritzen Sie auf ein eingefettetes Backblech 8 Rosetten.
Drücken Sie jeweils mit einem Löffel eine Vertiefung in die Mitte. Verquirlen Sie das restliche Eigelb mit der Milch, und bestreichen Sie die Kartoffelränder damit.

Füllen Sie das Gemüse in die Kartoffelnester. Verrühren Sie die Vollkornbrösel mit den Nüssen und dem Sesam in der heißen Butter. Über das Gemüse verteilen.
Backen Sie die Kartoffelnester im vorgeheizten Backofen bei 180 °C (Gas Stufe 2) etwa 15 Minuten, bis die Kartoffelränder goldbraun sind.
(Foto S. 31 unten)

Kalbsrouladen nach Farmerart

Ergibt 4 Stück
Für die Rouladen:
4 Kalbsrouladen à 100 g
Pfeffer aus der Mühle
1 EL mittelscharfer Senf
4 Scheiben Kochschinken
4 hartgekochte kleine Eier
2 EL Olivenöl
Für die Sauce:
1 kleine Zwiebel
¼ Sellerieknolle
½ Stange Lauch
2 Möhren
1 EL Vollkornmehl
600 ml Gemüsebrühe
2 Tomaten
etwas Knoblauchsalz
½ TL gehackter Kerbel
½ TL gehackter Estragon
Pfeffer aus der Mühle

Klopfen Sie das Rouladenfleisch eventuell etwas flach, würzen Sie es mit Pfeffer, und bestreichen Sie es dünn mit Senf. Backofen auf 200 °C (Gas Stufe 3) vorheizen.
Legen Sie je 1 Scheibe Schinken auf 1 Rouladenstück, je 1 Ei darauf legen und die Roulade zusammenrollen. Binden Sie sie mit Küchengarn, oder stecken Sie sie mit Spießchen fest.
Putzen, waschen und zerkleinern Sie für die Sauce das Gemüse. Erhitzen Sie das Öl im Bräter, und braten Sie die Rouladen darin an. Dann herausnehmen. Braten Sie das Gemüse im Bräter kurz an, geben Sie das Vollkornmehl dazu, und rühren Sie alles kräftig durch. Gießen Sie die Gemüsebrühe an, und lassen Sie alles aufkochen. Vierteln Sie die Tomaten, und befreien Sie sie von den Stielansätzen. Geben Sie die Rouladen wieder in den Bräter, geben Sie Knoblauchsalz und Tomaten dazu, und lassen Sie die Rouladen im Ofen 20–25 Minuten garen.
Nehmen Sie die Rouladen aus der Sauce, pürieren und passieren Sie diese durch. Schmecken Sie sie mit den Gewürzen ab. Servieren Sie die Rouladen zusammen mit der Sauce. Hierzu paßt Kartoffelpüree.
(Foto S. 32)

Eiseier

Ergibt 12 Stück
12 frische Aprikosen
12 Scheiben Vanilleeis (ca. 600 g)
einige Rispen Johannisbeeren
einige Melissenblättchen

Überbrühen, enthäuten und halbieren Sie die Aprikosen. Befreien Sie sie von den Kernen.
Stechen Sie aus dem Vanilleeis 12 Ovale aus. Legen Sie die Eisovale auf

Teller, und setzen Sie jeweils eine Aprikosenhälfte darauf.
Garnieren Sie die Eiseier mit Johannisbeeren und Melisse.
(Foto S. 33 oben)

Süße Schnecken

Ergibt 6 Stück
Für den Teig:
200 g feingemahlenes Dinkelmehl
1 TL Backpulver
60 g Butter, 1 Prise Salz
½ kleines Ei
1 EL Honig
etwas abgeriebene Schale
1 unbehandelten Zitrone
100 g Quark (20 % Fett)
Für den Belag:
100 g gemahlener Mohn
4 EL saure Sahne
1 EL Honig
Außerdem:
12 dünne Mandelstifte

Mischen Sie das Dinkelmehl und das Backpulver auf einem Arbeitsbrett. Verrühren Sie die Butter mit dem Salz, dem halben Ei und dem Honig zu einer geschmeidigen Masse. Fügen Sie noch etwas Zitronenschale und den Quark hinzu, und rühren Sie nochmals alles durch. Geben Sie die Butter-Quark-Masse zum Mehl, und verkneten Sie alle Zutaten rasch zu einem glatten Teig. Stellen Sie Ihn für etwa eine ½ Stunde kühl.
Verrühren Sie den Mohn mit der sauren Sahne, und heizen Sie den Backofen auf 200 °C (Gas Stufe 3) vor.
Wellen Sie den Teig zu einem 1 ½ cm dicken Rechteck aus, bestreichen Sie ihn mit der Mohncreme, und rollen Sie ihn von einer Seite her auf. Schneiden Sie die Teigrolle in 6 Scheiben, rollen Sie von jeder Rolle ein Stück ab, so daß kleine Schnecken entstehen. Backen Sie die Schnecken auf der mittleren Schiene in etwa ¼ Stunde goldbraun. Die Mandelstifte dienen als Fühler.
(Foto S. 33 unten)

Im Wilden Westen

Karierte Hemden und Jeans sind für jeden echten Cowboy und für jedes echte Cowgirl genau die richtige Aufmachung bei dieser Wildwestparty! Wenn die kleinen Gäste auch einen Hut und Stiefel mitbringen – um so besser! Die Kinder können natürlich auch als Indianer kommen, in weiten Hosen oder Kleidern und mit Pfeil und Bogen.

Für die Einladungskarten gibt es viele Möglichkeiten: ein aus einem Stock gefertigter Pfeil, um den die Einladung gewickelt ist; oder geben Sie Ihrem Kind oder Ihren Kindern weißes Papier, und bitten Sie sie, auf jedes Blatt das Gesicht eines Freundes zu zeichnen. Schreiben Sie dann „GESUCHT" darüber! Die Informationen über die Party wie Zeit und Ort schreiben Sie dann darunter. Schicken Sie den Freunden die Einladungen, und bitten Sie sie, sie zur Party mitzubringen. Während der Party hängen Sie die Bilder an die Wand und lassen die Kinder raten, wer wer ist. Der Gast, der die meisten Gesichter erkennt, bekommt einen Preis!

Sheriffstern basteln

★ Schneiden Sie aus Zeichenkarton Sheriffsterne aus.

★ Fordern Sie die Kinder auf, ihren Stern zu bemalen oder ihren Namen darauf zu schreiben.

★ Befestigen Sie den Stern mit einer Sicherheitsnadel oder mit Klettband.

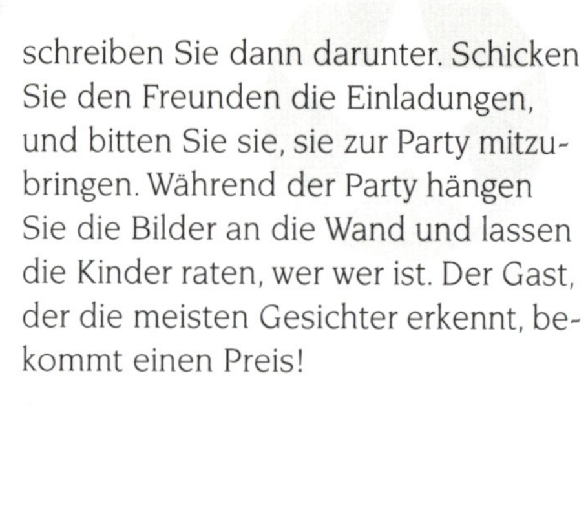

Der Garten ist natürlich der beste Ort für eine Wildwestparty, sie kann aber auch im Haus ein toller Erfolg werden! Schneiden Sie aus großen Kartons Kakteen aus, und bemalen Sie sie leuchtend grün. Wenn möglich sollten Sie braunen Stoff über Ihre Möbel breiten – das sind dann die Berge

Totempfahl basteln

1. Sammeln Sie in den Wochen vor der Party viele Schachteln aus dem Supermarkt.
2. Geben Sie den Kindern Farbe, Wachsmalkreiden und gummiertes Papier, und bitten Sie sie, auf alle Seiten der Schachteln Gesichter zu malen.
3. Stapeln Sie die Schachteln alle aufeinander – und der Totempfahl ist fertig!

Spiel und Spaß

Taschentuchwerfen

Fordern Sie die Kinder auf, sich hinter einer markierten Linie aufzustellen. Dann wirft ein Kind nach dem anderen ein Taschentuch, so weit es kann. Jeder Wurf wird gemessen. Wer am weitesten wirft, hat gewonnen!

Knoten

Schicken Sie ein Kind aus dem Zimmer. Bitten Sie die anderen, sich die Hände zu reichen und einen Kreis zu bilden. Ohne loszulassen sollen sie sich dann „verknoten", indem sie über Arme steigen, sich umdrehen und sich ineinander verkeilen. Wenn sie damit fertig sind, soll das Kind hereinkommen und die anderen entwirren, ohne den Kreis zu zerstören!

Such den Kochtopf!

Bitten Sie einen Cowboy oder ein Cowgirl, den Raum zu verlassen. Die anderen müssen in der Zwischenzeit einen Kochtopf verstecken. Das Kind wird wieder hereingerufen und muß nun den versteckten Gegenstand aufspüren. Alle anderen helfen, indem sie „Kalt! Eiskalt!" rufen, je weiter er oder sie sich von dem gesuchten Objekt wegbewegt, oder „Wärmer! Heiß! Kochend!", je näher er oder sie dem Versteck ist.

Würfelspiel

Sie brauchen dazu sechs 20 cm große, quadratische Zeichenkartons. Runden Sie die Ecken mit der Schere ab, und zeichnen Sie auf den ersten Karton einen großen Punkt, auf den zweiten zwei Punkte, dann drei und so weiter. Am Schluß sieht jeder Karton wie eine Seite eines Würfels aus. Machen Sie in einer Ecke jedes Kartons ein Loch, und befestigen Sie je eine 3 m lange Schnur daran. Das andere Ende der Schnur wird jeweils an einen Bleistift gebunden. Die Kinder setzen sich in eine Reihe, den Bleistift in der Hand, die Schnur so ausgerollt, daß sich die Würfelseiten am anderen Ende des Zimmers befinden. Auf „Los!" müssen die Kinder den Bleistift so drehen, daß sich die Schnur darum wickelt. Der erste, der seinen „Würfel" zu sich herangezogen hat, ist dann der Sieger.

Geschichtenerzählen

Erfinden Sie eine Geschichte über die Personen in diesem Raum. Jedesmal, wenn sein Name oder die Figur, die es bei der Party verkörpert, erwähnt wird, muß das betreffende Kind aufstehen, sich um sich selbst drehen und wieder hinsetzen. Wenn Sie das Wort „Sheriff" sagen, müssen es alle gleichzeitig tun! Jeder, der seinen Einsatz verpaßt, muß „Buße" tun, indem er beispielsweise ein Lied singt, bis sein Name wieder erwähnt wird.

Wildwestessen

Kuchengrill

Für den Teig:
600 g Mehl
½ TL Backpulver
300 g Zucker
2 Eier
350 g Butter oder Margarine
Für die Füllung:
1 Glas Nuß-Nougat-Creme
1 Glas Orangengelee
Zum Dekorieren:
400 g Marzipanrohmasse
300 g Puderzucker
Lebensmittelfarbe in Rosa, Braun, Schwarz, Rot und Grün
einige Spaghetti
Zahnstocher
Alufolie
eventuell kleine Kerzen

Sieben Sie das Mehl in eine Schüssel, und mischen Sie es mit dem Backpulver und dem Zucker. Dann alles auf eine Arbeitsfläche geben und in die Mitte eine Mulde drücken. Geben Sie nun die Eier in die Mulde, und verteilen Sie die Butter oder Margarine in kleinen Flöckchen auf dem Mehl. Alles von außen nach innen rasch verkneten, zu einem geschmeidigen Teig verarbeiten und 1 Stunde im Kühlschrank ruhen lassen. Dann den Teil in drei Teile teilen und die Teile zu gleichgroßen Quadraten ausrollen. Die Quadrate auf mit Backpapier ausgelegte Bleche geben und nacheinander im auf 180°C (Gas Stufe 2) vorgeheizten Backofen etwa 10 Minuten hellbraun backen. Herausnehmen, erkalten lassen und einen Boden mit der Nuß-Nougat-Creme, einen anderen mit dem Orangengelee bestreichen. Legen Sie dann die Böden übereinander und drücken sie fest. Schneiden Sie ein Drittel des Kuchens ab (Abb. 1), und setzen Sie das größere Stück auf die Kuchenplatte. Das Kuchendrittel auf eine Länge kürzen, die der Breite des Kuchens auf der Kuchenplatte entspricht (Abb. 2), und das kleinere Stück beiseite legen. Das größere Stück der Länge nach in zwei Hälften schneiden und auf den Kuchen legen (Abb. 3 und 4), wobei das Orangengelee als Klebemittel dient. Verkneten Sie die Marzipanrohmasse mit dem Puderzucker, und färben Sie zwei Drittel davon mit rosa und brauner Lebensmittefarbe, so daß eine Ziegelfarbe entsteht. Rollen Sie die Masse aus und belegen Sie die gesamte Oberfläche des Kuchens damit. Mit Hilfe eines Messers wird das Ziegelmuster eingeritzt.
Färben Sie ein Drittel der restlichen Marzipanmasse mit der schwarzen Lebensmittelfarbe. Die Masse etwas kneten, so daß die Farbe sich nicht gleichmäßig verteilt und die „Kohlen“ dadurch aussehen, als wären sie heiß glühend.
Die Mazipanmasse in kleine Stücke schneiden, die wie Kohlen aussehen, und auf den Kuchen legen. Ein paar Kohlen noch mit etwas roter Lebensmittelfarbe einfärben.

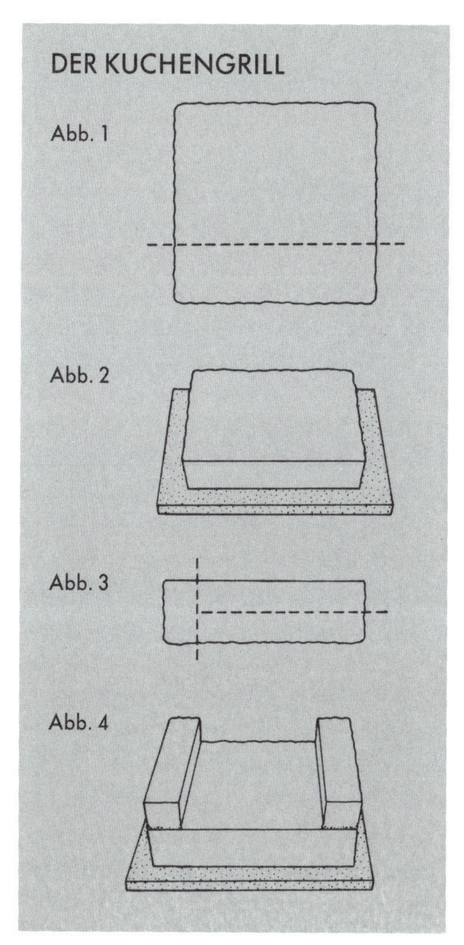

Stecken Sie die Spaghetti so in den Kuchen, daß ein „Grill" entsteht. Rollen Sie eine kleine Portion der restlichen Marzipanmasse aus, und schneiden Sie sie mit einem kleinen Messer in vier Kreise. Zu einem Stapel Teller aufeinanderstellen.
Rollen Sie die Reste der Marzipanmasse aus, und formen Sie daraus Besteck. Kleine Vierecke ausschneiden und zu Dreiecken falten – das sind die Servietten.
Formen Sie kleine Marzipankugeln zu Würstchen und Hamburgern, und bestreichen Sie sie mit der braunen Farbe. Weitere Formen zuschneiden und als Schaschlikspieße auf Zahnstocher stecken. Das „Fleisch" mit brauner und die „Paprika" mit roter und grüner Lebensmittelfarbe einfärben. „Kartoffeln in der Schale" formen, kreuzweise einschneiden, als ob sie mit Butter übergossen wären. Alles mit Lebensmittelfarbe anmalen und trocknen lassen. Kleine Stücke Alufolie zerknittern und als Schale um die „Kartoffeln" wickeln. Legen Sie dann alle Eßwaren auf den „Kuchengrill".
(Foto S. 37)

Pittataschen

Ergibt 12 Stück
1 kg Würste
6 Pittabrote
Süßsaure Sauce (Rezept folgt)

Grillen Sie die Würste knusprig braun. Halten Sie die Pittabrote kurz unters Wasser, und grillen oder toasten Sie sie, bis sie etwas aufgegangen sind. Schneiden Sie sie durch, und öffnen Sie die so entstandenen Taschen. Stecken Sie die Würste hinein, und geben Sie süßsaure Sauce dazu.
(Foto S. 38: Mitte)

Süßsaure Sauce

Ergibt etwa 450 ml
2 EL Öl
2 fein gehackte kleine Zwiebeln
2 fein gehackte kleine Karotten
225 g Ananasstücke aus der Dose
6 EL Balsamessig (Aceto balsamico)
1 EL Worcestersauce
1 EL Sojasauce, 5 EL Honig
1 EL Stärkemehl
Salz und Pfeffer

Erhitzen Sie das Öl in einem Topf, und braten Sie die Zwiebeln und die Karotten, bis sie weich sind. Schütten Sie den Ananassaft dazu, und stellen Sie die Ananasstücke beiseite. Fügen Sie den Essig, die Worcestersauce, die Sojasauce und den Honig hinzu, und lassen Sie alles unter gelegentlichem Rühren 15 Minuten köcheln. Mischen Sie das Stärkemehl mit 6 EL Wasser, und geben Sie die Mischung zur Sauce dazu. Fügen Sie dann die Ananasstücke, Salz und Pfeffer hinzu. Bringen Sie die Sauce zum Kochen, und lassen Sie sie dann köcheln, bis sie eingedickt ist.
(Foto S. 38: oben)

Rippchen für Viehdiebe

Ergibt 12 Portionen
2 kg Spare Ribs vom Schwein
2 EL Sojasauce
2 EL Worcestersauce
4 EL Tomatenketchup
2 EL Pflaumenmarmelade
2 EL brauner Zucker
1 EL Senf

Trennen Sie die Rippchen, wenn nötig. Vermischen Sie alle anderen Zutaten in einer kleinen Schüssel. Reiben Sie die Rippchen mit der Marinade ein, und lassen Sie sie 2–3 Stunden einwirken. Grillen Sie die Rippchen knusprig braun, oder braten Sie sie 1 ¼ Stunden in einem auf 200 °C (Gas Stufe 3) vorgeheizten Backofen.
(Foto S. 38: unten)

Maissalat

Ergibt 12 Portionen
2 x 300 g Mais aus der Dose
2 fein gehackte Stangen Sellerie
4 fein geschnittene Tomaten
4 in dünne Scheiben geschnittene Frühlingszwiebeln
4 EL Mayonnaise
1 EL Senf

Geben Sie den Mais in eine Schüssel. Fügen Sie das zerkleinerte Gemüse hinzu. Vermischen Sie die Mayonnaise mit dem Senf, geben Sie diese Sauce über den Salat. Gründlich mischen.
(Foto S. 39: oben)

Kartoffeln nach Siedlerart

Ergibt 12 Portionen
12 Backkartoffeln
Öl zum Einpinseln
Salz, Butter zum Servieren

Pinseln Sie die Kartoffeln mit Öl ein, bestreuen Sie sie mit Salz, und bringen Sie an der Seite einen tiefen Einschnitt an. Backen Sie sie 45–60 Minuten in einem auf 200 °C (Gas Stufe 3) vorgeheizten Backofen. Wenn Sie sie grillen möchten, dann wickeln Sie die Kartoffeln gut in Alufolie ein, und lassen Sie sie 45 Minuten backen.
(Foto S. 39: unten)

Hähnchenkeulen à la Sheriff

Ergibt 12 Portionen
2 EL Honig, 1 EL Worcestersauce
geriebene Schale und Saft
½ unbehandelten Orange
1 EL Tomatenmark
1 EL Sojasauce
12 Hähnchenkeulen

Mischen Sie alle Zutaten für die Sauce in einer Schüssel. Bestreichen Sie die Keulen mit der Sauce, decken Sie sie zu, und lassen Sie sie mindestens 1 Stunde ruhen. Grillen Sie die Hähnchenkeulen 15–20 Minuten, und wenden Sie sie dabei einige Male. Oder braten Sie sie 30–40 Minuten im auf 200 °C (Gas Stufe 3) vorgeheizten Backofen, bis sie knusprig braun sind. Begießen Sie sie immer wieder mit der Sauce, damit die Haut knusprig bleibt.
(Foto S. 40 oben)

Schokoladenkekse

Ergibt 12 Stück
125 g Butter
50 g brauner Zucker
1 geschlagenes Ei
250 g Mehl, ½ Päckchen Backpulver
175 g fein gehackte Vollmilchschokolade
50 g geraspelte Mandeln

Rühren Sie die Butter und den Zucker cremig. Fügen Sie das Ei hinzu, und schlagen Sie die Mischung kräftig. Mischen Sie das Mehl, die Schokolade und die Mandeln darunter.
Geben Sie 12 Löffel der Mischung auf eingefettete Backbleche, und breiten Sie die Masse zu Kreisen mit einem Durchmesser von jeweils 10 cm aus. Geben Sie die Kekse 15 Minuten in einen auf 180 °C (Gas Stufe 2) vorgeheizten Backofen, bis sie eine goldene Farbe annehmen. Lassen Sie sie dann noch 2 Minuten auf den Backblechen liegen, bevor Sie sie zum Abkühlen auf ein Kuchengitter legen.
(Foto S. 40/41: Mitte)

Schoko-Erdnuß-Schnitten

Ergibt etwa 20 Stück
125 g gehackte Vollmilchschokolade
50 g Erdnußbutter
4 EL Ahornsirup
1 EL Wasser
75 g gehackte ungesalzene Erdnüsse
125 g Kleieflocken

Fetten Sie eine 18 x 28 cm große Backform ein, und legen Sie sie mit Backpapier aus. Geben Sie die Schokolade, die Erdnußbutter, den Ahornsirup und das Wasser in einen Topf, und erhitzen Sie die Mischung, bis sich alles aufgelöst hat. Geben Sie dann die Erdnüsse und die Kleieflokken dazu – gut mischen. Geben Sie die Mischung in die Backform, und glätten Sie die Oberfläche. Kühl stellen, bis die Masse fest geworden ist. In Schnitten schneiden und servieren. (Foto S. 40/41: rechts)

Erdbeermilchshake

Ergibt etwa 1,5 Liter
375 g Erdbeeren, 2 EL Sandzucker
1 l Milch, 4 Kugeln Vanilleeis

Mixen Sie die Erdbeeren, den Zucker, die Milch und die Eiscreme in einem elektrischen Mixer, bis die Flüssigkeit sämig ist. Servieren Sie die Milchshakes mit Strohhalmen. (Foto S. 40/41: ganz links)

Apfel-Ginger-Brause

Ergibt 1,75 Liter
1,2 l Apfelsaft
600 ml Ginger-ale, Eiswürfel
in dünne Scheiben geschnittener Apfel

Geben Sie den Apfelsaft und das Ginger-ale in einen Krug. Fügen Sie Eiswürfel und die Apfelscheiben hinzu. (Foto S. 40/41: hinten)

Mit Sherlock Holmes auf Spurensuche

Bei dieser Geburtstagsparty machen Sie das Unmögliche möglich: Sherlock Holmes, Doktor Watson, Miss Marple, Kalle Blomquist, Emil Tischbein, vielleicht auch noch Columbo und Hercule Poirot. Die berühmtesten Detektive der Welt geben sich hier ein Stelldichein. Auf dem Fest lösen sie gemeinsam schwierige Fälle und feiern anschließend ihre Erfolge mit herrlichen Spielideen und Leckereien. Bitten Sie die Gäste, als Detektiv verkleidet auf das Fest zu kommen. Es wäre toll, wenn die Gäste dabei in eine der obengenannten Detektivrollen schlüpfen könnten. Wenden Sie sich gegebenenfalls an die Eltern der Gäste. Diese werden ihre Kleinen schon mit den nötigen Kleidungsstücken und Utensilien versorgen. Sie können aber auch weiße T-Shirts mit dem jeweiligen Namen bemalen oder bedrucken und den Kindern bei der Ankunft überstreifen. Apropos Ankunft: Während der gesamten Party sollte der Detektivgedanke im Vordergrund stehen. Lassen Sie die Kinder also schon bei ihrer Ankunft kombinieren, rätseln und auf Spurensuche gehen. Falls Ihre Wohnung beispielsweise im Parterre liegt, verschließen Sie die Eingangstür, und öffnen Sie auch nach mehrmaligem Klingeln nicht. Geben Sie statt dessen Hinweise auf einen „Geheimgang", durch den die Spurensucher einsteigen sollen, zum Beispiel ein Fenster oder die Kellertür. Auch die Einladungskarten sollten schon Gelegenheit zur detektivischen Kleinarbeit bieten. Schreiben Sie die Informationen zur Party in Geheimschrift oder mit Zitronensaft (wird über einer Kerzenflamme sichtbar!). Vergessen Sie dabei aber nicht, den Kindern Tips zu geben, um die Schrift zu entziffern.

Spiel und Spaß

Lustige Teegespräche

Bei Kuchen, Tee oder Kakao bieten sich besonders günstige Gelegenheiten, um miteinander zu plaudern. Jetzt können die genialen Detektive zeigen, ob sie mit Geheimsprachen umgehen können. Daß es dabei oft sehr lustig zugehen kann, beweisen die folgenden Vorschläge:

– Nach jeder Silbe (bei kleineren Kindern nach jedem Wort) wird ein „de" eingefügt:

„Dade diedesede Spradechede sode eindefachde istde, woldelende wirde unsde daderinde undeterdehaldetende."

– In der Tee-Sprache müssen die Kinder hinter jedem Vokal ein „T" einfügen und den Vokal anschließend nochmal wiederholen:

„Witir treteffeten utuns utum atacht Utuhr itin deter Schutulete."

– Bei der Tabu-Sprache erklären Sie einen Buchstaben für tabu, zum Beispiel das A. Dann darf kein A mehr gesprochen werden. Wenn einem der Gäste dennoch eines entschlüpft, muß er ein Pfand abgeben.

Im Detektivbüro ist der Teufel los. Da müssen die Klienten schon mal warten

Zahlentrick von Sherlock Holmes

Ein Kind, Sherlock Holmes, verläßt das Zimmer. Die anderen Kinder – unter ihnen sein Gehilfe Doktor Watson – bestimmen eine Zahl, zum Beispiel die 736, die der Meisterdetektiv herausfinden soll. Doktor Watson ruft ihn ins Zimmer und fragt:

„Ist es die Zahl 311?"
Ohne zu zögern antwortet Holmes: „Nein!"
„Ist es 46?" – „Nein!"
„Ist es 873?" – „Nein!"
„Ist es 399?" – „Nein!"
„Ist es 736?" – „Ja!"

Was der geniale Detektiv leistet, ist sehr beeindruckend. Ob er es noch einmal schafft? Wieder geht er aus dem Zimmer, eine Zahl wird bestimmt, und der Gehilfe befragt ihn. Selbstverständlich findet Holmes die richtige Zahl heraus. Wie er das gemacht hat? Ganz einfach: Holmes und sein Gehilfe stecken natürlich unter einer Decke und sind eingeweiht. Mit der ersten Zahl, die der Gehilfe fragt, gibt er den entscheidenden Hinweis. Die Quersumme dieser Zahl – in unserem Beispiel ist 5 die Quersumme von 311 – gibt an, die wievielte Zahl die richtige ist. Der Detektiv weiß sofort, daß er die fünfte Frage mit „Ja" beantworten muß.

Was steht auf dem Zettel?

Bei diesem Spiel ist der Detektiv wieder eingeweiht. Am einfachsten ist es daher, wenn das Geburtstagskind diese Rolle übernimmt. Der Detektiv bittet einen Kollegen, einen beliebigen Satz auf den Zettel zu schreiben, ihn zu falten, auf den Boden zu legen und einen Fuß daraufzustellen. Dann wendet er sich cool an seine Freunde und sagt:

„Dank meines täglichen Gehirnintensivtrainings finde ich nach kurzem Gedankendurchlauf heraus, was auf diesem Zettel steht."

Er überlegt kurz und ruft dann aus: „Auf diesem Zettel steht dein Fuß!"

Langfinger am Werk

Mit zwei Gummibändern werden zwei Eisstiele oder Stricknadeln so an Daumen und Zeigefinger befestigt, daß „lange Finger" entstehen. Dabei kann man erleben, wie schnell aus einem braven Bürger ein „Langfinger" werden kann. Sofort macht der Gauner sich ans Werk: Aus der Glasvitrine, einem Glas mit bunten Perlen oder Murmeln, muß er in einer bestimmten Zeit so viele Beutestücke ziehen, wie er kann, und sie anschließend in einen Klarsichtbeutel fallen lassen. Der Gauner, der in der ausgemachten Zeit die größte Beute gemacht hat, ist der Sieger.

Versteckte Botschaft entdecken

Innerhalb einer festgesetzten Zeit – etwa 5 Minuten – verkleidet sich ein Kind in einem anderen Zimmer zum Ganoven und versteckt dabei einen kleinen Zettel mit der geheimen Botschaft in seiner Kleidung. Hierfür stellen wir ihm eine große Verkleidungskiste mit alten Klamotten und verschiedenen Utensilien zur Verfügung. Mögliche Verstecke sind zum Beispiel in einer Geheimtasche, im Hosenaufschlag, im Rocksaum, im Kragen, unter dem Hutband, unter der Perücke, im Gürtel, unter der Schuhinnensohle, im Strumpf, unter der Krawatte, im Regenschirm, hinter der Sonnenbrille oder in der Aktentasche. Dabei darf es Klebeband, Nadel und Faden, Sicherheitsnadeln und eine Schere benutzen. Wenn der neu eingekleidete Ganove das Zimmer betritt, wird er von dem Detektiv, der weiß, daß der Ganove eine wichtige Botschaft mit sich trägt, sofort durchsucht. Allerdings hat er dafür nur 2 Minuten Zeit, weil dann die Komplizen des Ganoven schon kommen. Findet er in der kurzen Zeit denn die gut versteckte Botschaft?

Wird es Kalle gelingen, mit seinen „langen Fingern" lohnende Beute zu machen?

Verstellte Stimmen

Mit Hilfe eines Kassettenrecorders sprechen alle Detektive jeweils in Abwesenheit der anderen mit verstellter Stimme einen Satz auf eine Kassette. Gemeinsam hören sie sich anschließend die Kassette an. Der Detektiv, der die meisten Stimmen wiedererkennt, ist der Sieger. Sie können aber auch denjenigen prämieren, der mit seiner Verstellung als einziger unerkannt bleibt.

Photographisches Gedächtnis

Unter eine Decke werden 20 verschiedene Gegenstände gelegt. Für zehn Sekunden wird sie dann abgehoben. Danach schreiben die Detektive in 2 Minuten auf, was sie gesehen haben. Jetzt zeigt sich, wer ein photographisches Gedächtnis hat. Wer sich die meisten Gegenstände gemerkt hat, ist Sieger.

Die Geheimbotschaft ist versteckt. Hoffentlich findet der Detektiv sie, bevor der Gauner Verstärkung bekommt!

Die Kinder können hier beweisen, daß sie Köpfchen haben

Rätseltest
Geben Sie den Gästen die folgenden 10 Hinweise. Wer die Lösung am schnellsten gefunden hat, hat das Spiel gewonnen und ist ein hervorragender Kombinierer.

1. Ohne es kann ein Detektiv nicht arbeiten.
2. Jeder wäscht es des öfteren.
3. Beim Fußballspiel sieht man Hunderte davon.
4. Es ist größer als ein Straußenei.
5. Sein Äußeres verändert sich.
6. Es hat fünf Öffnungen.
7. Es kommt nur selten allein vor.
8. Manchmal sind zwei davon eng beieinander.
9. Innen ist es rot.
10. Manchmal ist es mit Federn geschmückt.

Lösung: Der Kopf!

Fingerabdrücke prüfen
Jeder Mitspieler fertigt eine Karteikarte mit Fingerabdrücken von seiner linken Hand an, indem er die Finger auf ein Stempelkissen drückt, vorsichtig hin- und herrollt, dann fest auf die Karte drückt und wieder hin- und herrollt. Sind die Abdrücke beschriftet, kann das Spiel beginnen: Zwei Verdächtige machen jeweils auf zwei Papierbögen mit ihrer linken Hand Abdrücke. Auf einen Bogen schreiben sie, welche Finger es sind. Den anderen Bogen reichen sie den Detektiven. Können die Spürnasen die Abdrücke richtig zuordnen?

Wer wird bestohlen?
Zwei Spieler sitzen mit verbundenen Augen im Abstand von einem Meter einander auf Stühlen gegenüber. Unter jedem Stuhl liegt ein Geheimbuch. Ein Dieb stiehlt ein Buch. Der Bestohlene schreit laut: „Haltet den Dieb!" Hoffentlich ist das kein Fehlalarm!

Mörderspiel
Wir benötigen pro Kind einen Zettel. Auf einen der Zettel schreiben wir „Mörder" und auf einen anderen „Detektiv"; die restlichen bleiben leer. Jeder Spieler zieht einen gefalteten Zettel, den er öffnet, ohne einen anderen mit hineinblicken zu lassen. Nur der Detektiv gibt sich zu erkennen und verläßt das Zimmer, das jetzt verdunkelt wird. Es wird spannend: Alle Mitspieler versuchen, dem Mörder zu entkommen. Plötzlich ertönt ein schriller Schrei: Der Mörder hat zugeschlagen, indem er seinem Opfer einen Zeigefinger in den Rücken gebohrt hat. Der Detektiv stürzt ins Zimmer, reißt die Vorhänge auf und sieht das Opfer bewegungslos am Boden liegen. Sofort beginnt er mit seinen Ermittlungen. Jedem Kind darf er drei Fragen stellen, die alle Mitspieler – bis auf den Mörder – wahrheitsgemäß beantworten müssen. Kann der Detektiv den Mörder enttarnen?

Vor Schnüfflern sichern
Auch Sherlock Holmes muß seine vielen gesammelten Informationen und Beweismittel vor ungeliebten Schnüfflern sichern. Während die anderen für drei Minuten aus dem Zimmer gehen, versteckt er einen besonders wichtigen Geheimzettel und baut dann überall kleine Fallen auf, an denen er erkennen kann, wo geschnüffelt wird: Er streut Sandkörner in einige Briefe und legt sie scheinbar unordentlich auf den Schreibtisch; er schlägt Bücher auf und legt zwischen bestimmte Seiten ein Haar; er streut Puder auf den Boden, und er legt Stecknadeln auf Scharniere und Bilderrahmen. Nach drei Minuten verläßt Sherlock Holmes sein Zimmer, und die anderen dürfen drei Minuten lang schnüffeln. Finden sie den Geheimzettel? Hinterlassen sie viele Spuren? Wie viele davon entdeckt der Meisterdetektiv am Schluß? Wenn jeder einmal Sherlock Holmes gewesen ist, wißt ihr, wer Schnüfflern am besten vorbeugen und wer am besten schnüffeln kann.

Eine knifflige Aufgabe, die dieser Tresorknacker bewältigen muß

TRESORKNACKER

Das Basteln dieses Geschicklichkeitsspiels ist ganz einfach.

★ Übertragen Sie die Tresorvorlage vom Bogen am Ende des Buches auf Tonpapier, und schneiden Sie den Tresor aus. Das Quadrat wird ausgeschnitten, der Längsstreifen aber nur eingeschnitten.

★ Kleben Sie an ein Ende eines 20 cm langen Fadens einen Spielgeldschein, und ziehen Sie zuerst das andere Ende unten durch das Loch, dann führen Sie es unter dem Längsstreifen hindurch und fädeln es wieder durch das Loch. Auch an dieses Fadenende kleben Sie einen Geldschein an.

Die Detektive müssen nun versuchen, die Geldscheine von dem Tresor zu befreien.

Die Lösung: Biegen Sie den Tresor so weit, daß der Längsstreifen durch das Loch gezogen werden kann. Durch die entstehende Schlaufe können Sie ganz leicht einen Geldschein ziehen.

Detektiv gegen Gauner

Nachdem ein Kind als Gauner den Raum verlassen hat, verabreden die anderen, wer in dieser Spielrunde als Detektiv in Aktion tritt. Sie bilden mit ausgestreckten Armen einen geschlossenen Sitzkreis um einen kleinen Ring herum. Der Gauner kommt und schaut sich um. Kann er an den Mienen erkennen, wo sich der Detektiv verbirgt? An einer Stelle darf der Gauner den Kreis öffnen. Er holt den Ring und will durch dieses Tor wieder verschwinden. Doch sobald er den Ring berührt, darf der Detektiv ihn packen, solange er noch im Kreis ist. Wenn der Gauner ein günstiges Tor gewählt hat, sind seine Chancen zu entkommen gut.

Was ist anders?

Während zwei Kinder für kurze Zeit das Zimmer verlassen, wird zum Beispiel im Raum, an einer Person oder an der Spielsteinanordnung auf einem Mühlebrett etwas verändert. Welches der beiden Kinder findet die Änderung zuerst heraus?

Fingerspitzengefühl

Nacheinander sollen die Detektive mit verbundenen Augen aus Geldmünzen genau 2,57 DM abzählen und aufstapeln. Die Stoppuhr mißt die Zeit.

Leibesvisitation

Wenn einem Detektiv die Augen verbunden sind, wird einem anderen ein Bettuch übergeworfen. Der Detektiv mit den verbundenen Augen versucht tastend herauszufinden, wer sich unter dem Bettuch verbirgt.

Pfänder auslösen

Detektive müssen zum Pfandauslösen detektivische Aufgaben lösen:

Wann hat zum Beispiel der Deutschlehrer Geburtstag?

Wer ist die geistige Mutter von Kalle Blomquist? Astrid Lindgren

Wer ist der geistige Vater von Emil Tischbein? Erich Kästner

Entschlüssele die Botschaft: Remir Tmimi ist vmirsolifatmit.

(Musikalische Geheimschrift:
Der Tee ist vergiftet.)

Lupenreines Detektivessen

Knüllerkuchen

1 Rührkuchen (Fertigteigmischung)
Alufolie
Zettel mit Botschaften
Zucker- und Schokoladenguß

Lassen Sie das Geburtstagskind geheime Nachrichten schreiben, und wickeln Sie sie in Alufolie ein.
Fertigen Sie den Rührkuchenteig, wie auf der Packung angegeben. Geben Sie ihn in eine Kuchenform, und versenken Sie die Geheimnachrichten gleichmäßig darin. Backen Sie den Kuchen, lassen Sie ihn abkühlen, und verzieren Sie ihn mit dem Zucker- und dem Schokoladenguß. Versuchen Sie, ob Sie einen der berühmten Detektive mit Zuckerguß zeichnen können. Auch der Kopf des Geburtstagskindes macht sich auf dem Kuchen gut.
(Foto S. 48: unten)

Negerkußgauner

1 Packung Negerküsse
Zuckerguß
verschiedene Süßigkeiten

Verzieren Sie die Negerküsse nach Lust und Laune mit dem Zuckerguß und den Naschereien. Sie werden sehen, wie schnell Sie die abenteuerlichsten Ganoven auf die Teetafel zaubern können.
Übrigens gibt es auch Negerküsse mit weißer Schokolade und solche mit einem Überzug aus Kokosraspeln.
(Foto S. 48: oben)

Fruchtsalat „James Bond"

Ergibt 12 Portionen
12 Kiwis, 12 Mangos
12 Orangen
12 TL Zitronensaft
6 TL Ahornsirup
1,2 l frisch gepreßter Orangensaft
6 unbehandelte Orangen

Schälen Sie die Kiwis, und schneiden Sie sie in kleine Stücke. Schälen Sie die Mangostücke, und würfeln Sie sie klein. Schälen Sie die Orangen, entfernen Sie dabei die weiße Haut sorgfältig. Lösen Sie mit einem Messer die Filets heraus. Geben Sie das kleingeschnittene Obst in eine Schüssel, und mischen Sie es vorsichtig.
Den Zitronensaft mit dem Ahornsirup und dem Orangensaft verrühren und über das Obst gießen.
Mischen Sie den Obstsalat vorsichtig, und stellen Sie ihn für etwa eine 1/2 Stunde kühl. Waschen Sie die unbehandelten Orangen unter heißem Wasser, halbieren Sie sie, und pressen Sie sie aus. Schneiden Sie die Schalenhälften an den Rändern zickzackförmig ein, und füllen Sie den Fruchtsalat hinein. Den Orangensaft können Sie zur Zwischenmahlzeit oder zum Abendessen servieren.
(Foto S. 49 oben)

Schlupflöcher vom Schmugglerstrand

Ergibt 4 Portionen
Für die Tintenfischringe:
500 g küchenfertige Tintenfischringe ohne Panade
Pfeffer, Knoblauchsalz
2 Eier, 2 EL Semmelbrösel
2 EL Parmesan, 1 EL Vollkornmehl
3 EL Öl
Für das Tomatenpüree:
4 Fleischtomaten, ½ Zwiebel
2 EL Olivenöl
je 2 EL Tomatenmark und -ketchup
125 ml Gemüsebrühe
je 1 TL Basilikum und Oregano, gehackt
1 Knoblauchzehe
Pfeffer, Salz

Waschen Sie die Tintenfischringe, tupfen Sie sie trocken, und würzen Sie sie mit Pfeffer und Knoblauchsalz. Verschlagen Sie die Eier kräftig, und mischen Sie die Semmelbrösel mit dem Parmesan. Überbrühen Sie für das Tomatenpüree die Tomaten, enthäuten, vierteln, entkernen und würfeln Sie sie. Schälen Sie die Zwiebel, und würfeln Sie sie fein. Erhitzen Sie das Öl in einem Topf, und dünsten Sie die Zwiebel darin glasig. Geben Sie Tomatenmark und Ketchup dazu, gießen Sie die Brühe an, verrühren Sie alles gut, und lassen Sie alles langsam köcheln.
Geben Sie die Tomatenwürfel zusammen mit Basilikum, Oregano und gehacktem Knoblauch in die Sauce. Lassen Sie die Tomaten bei milder Hitze zu einem flüssigen Püree einkochen. Mit Pfeffer und Salz abschmecken.
Überstäuben Sie in der Zwischenzeit die Tintenfischringe mit Vollkornmehl, ziehen Sie sie durch die verschlagenen Eier, und panieren Sie sie mit der Semmelbrösel-Parmesan-Mischung. Erhitzen Sie das Öl in der Pfanne, und backen Sie darin die Ringe von beiden Seiten goldgelb aus. Auf dem Tomatenpüree anrichten.
(Foto S. 49 unten)

Manege frei!

Die Zirkuswelt übt auf jedes Kind eine unglaubliche Faszination aus. Artistik, Show und bunte Clownsmasken sind unverzichtbare Bestandteile jeder Aufführung – und dürfen bei unserem Fest natürlich auch nicht fehlen! Bitten Sie Ihre Gäste, „zirkusmäßig" zur Party zu kommen. Sie können aber auch ein paar Kleidungsstücke bereitlegen, die die Kinder zu Beginn des Festes anziehen können. Dekorieren Sie das Haus wie ein Zirkuszelt: Schneiden Sie aus Zeitungspapier oder farbigem Papier spitze Formen zu, die wie Wimpel aussehen. Fordern Sie Ihre Kinder auf, ein paar Plakate zu malen, auf denen ihre Lieblingszirkusnummern zu sehen sind, und hängen Sie diese Plakate an der Wand auf.

Für die Einladungskarten schneiden Sie aus Zeitschriften vier kleine Figuren aus. Kleben Sie sie so auf ein 21 x 15 cm großes Papier, daß es aussieht, als ob einer dem anderen auf den Schultern oder auf dem Kopf stünde. Zeichnen Sie an jeden Mund eine Sprechblase, und schreiben Sie Informationen zur Party hinein. Fotokopieren Sie dieses Bild, und schikken Sie jedem Gast eine Kopie. Vergessen Sie nicht den Abreißstreifen, mit dem die Kinder antworten können. Eine lustige Einladungskarte entsteht auch, wenn Sie die Umrisse eines Seehundes aus Zeichenkarton ausschneiden und die Unterkante nach hinten falzen, bis der Seehund steht.

Clownsgesichter malen

★ Geben Sie den Kindern oder den sie begleitenden Erwachsenen Schminke, um ihr Gesicht in ein Clownsgesicht zu verwandeln.
★ Cremen Sie die Gesichter der Kinder zuerst mit Feuchtigkeitscreme ein, da sich die Schminke dadurch später viel besser wieder entfernen läßt.
★ Die Muster können einfach oder kompliziert sein – je nach Bedarf.

Spiel und Spaß

Puzzlespiel
Schneiden Sie große Bilder von Personen, Orten oder bestimmten Ereignissen aus Zeitschriften aus. Schneiden Sie jedes Bild wiederum in kleine Teile, so daß ein Puzzle entsteht. Mischen Sie die Puzzleteile, und fordern Sie die Kinder auf, ihr jeweiliges Puzzle so schnell wie möglich wieder zusammenzusetzen. Für kleinere Kinder sollten Sie einfachere Bilder und größere Einzelteile vorbereiten.

Lächeln zuwerfen
Die Kinder sitzen mit ernster Miene im Kreis. Nur einem Spieler ist es erlaubt zu lächeln. Er oder sie muß sich mit den Händen über das Gesicht streichen und das Lächeln damit „abwischen". Dann „wirft" der Spieler das Lächeln jemand anderem zu, der nun seinerseits lächeln und die anderen zum Lachen bringen muß. Der „Werfer" muß nun natürlich eine ernste Miene aufsetzen. Das Lächeln muß dann im Kreis herum „geworfen" werden. Jeder, der, ohne an der Reihe zu sein, lächelt oder lacht, muß ausscheiden!

Seiltanzen
Teilen Sie die Kinder in zwei Gruppen ein, und lassen Sie sie an den entgegengesetzten Enden des Zimmers Aufstellung nehmen. Geben Sie jeweils einem Kind der beiden Gruppen zwei Backsteine. Diese Kinder müssen nun an das jeweils andere Ende des Zimmers rennen, wobei sie die Backsteine als Tritte verwenden. Falls sie auf den Fußboden treten, müssen sie nochmals von vorne beginnen. Am anderen Ende der Rennstrecke übernimmt das nächste Gruppenmitglied die Backsteine und rennt zurück. Das geht immer so weiter, bis alle einmal dran waren. Das Team, das als erstes vollzählig an der anderen Seite angekommen ist, hat gewonnen.

Nasenspiel
Bei diesem Spiel brauchen Sie für jede Gruppe die Hülle einer Streichholzschachtel. Teilen Sie die Kinder in Gruppen ein. Geben Sie dem ersten Spieler jeder Gruppe eine Streichholzschachtel, die er sich auf die Nase setzen muß. Die Spieler müssen die Schachtel dann weiterreichen, indem sie sie dem nächsten Gruppenmitglied auf die Nase setzen, ohne dabei die Hände zu benutzen! Der zweite Spieler reicht die Schachtel genauso weiter.

Die Gruppe, die die Streichholzschachtel zuerst bis zum letzten Spieler und wieder zurück gereicht hat, hat gewonnen.

Das Leiterspiel
Stellen Sie die Kinder ohne Schuhe in zwei sich gegenüberstehenden Reihen auf. Bitten Sie sie, sich mit ausgestreckten Beinen so auf den Boden zu setzen, daß sich die Füße der einander gegenübersitzenden Kinder berühren. Geben Sie jedem Kinderpaar eine Nummer, und rufen Sie dann eine der Nummern auf. Die Kinder mit der betreffenden Nummer müssen sofort aufstehen, über die Beine der Mitspieler die „Leiter" hinunterrennen, an der Außenseite wieder zum oberen Leiterende und dann auf ihre Plätze zurückrennen. Das Kind, das zuerst an seinem Platz angekommen ist, hat gewonnen und für seine Reihe einen Punkt erzielt.

Zirkusessen

Clownskuchen

250 g weiche Margarine
250 g Zucker
325 g Mehl
½ Päckchen Backpulver
4 geschlagene Eier
1 Fläschchen Vanillearoma
25 g Kakaopulver
Für den „Zuckerklebstoff":
1 Eiweiß
250 g gesiebter Puderzucker
Zum Dekorieren:
quadratische Kuchenplatte (Durchmesser: 30 cm)
Aprikosenmarmelade
2 Päckchen fertiger Zuckerguß à 250 g
Puderzucker zum Bestäuben
rote Lebensmittelfarbe
3 Lakritzschnecken
rotbemalter Tischtennisball
Lakritzmischung
30 x 138 cm Tüll
Nähfaden
5 m Geschenkband
1 Partyhut oder Geschenkpapier

Fetten Sie eine 20 cm tiefe, runde Form ein, und legen Sie den Boden mit Backpapier aus. Geben Sie die Margarine, den Zucker und 250 g mit dem Backpulver vermischtes Mehl in eine Schüssel. Fügen Sie die geschlagenen Eier und das Vanillearoma hinzu. Schlagen Sie die Mischung, bis sie sämig ist. Teilen Sie sie dann in zwei Hälften, und geben Sie 50 g Mehl in die eine Hälfte. Rühren Sie die restlichen 25 g Mehl und das Kakaopulver in die andere Hälfte. Geben Sie die beiden Mischungen abwechselnd in die Kuchenform, und glätten Sie die Oberfläche. Führen Sie ein Messer durch die Kuchenmischung, um einen Marmoreffekt zu erzielen. Lassen Sie den Kuchen 1 Stunde im auf 160 °C (Gas Stufe 1) vorgeheizten Backofen backen. Stürzen Sie den Kuchen dann zum Abkühlen auf ein Kuchengitter.

Legen Sie den Kuchen etwas versetzt zur Mitte auf die Kuchenplatte, und bestreichen Sie ihn rundum mit Marmelade. Kneten Sie den fertigen Zuckerguß auf einer leicht mit Puderzucker bestreuten Arbeitsfläche. Rollen Sie ihn zu einem 30 cm großen Kreis aus und überziehen Sie den Kuchen damit. Glätten Sie die Oberfläche und die Seiten mit Ihren mit Puderzucker bestäubten Fingerspitzen. Entfernen Sie den überflüssigen Zuckerguß, kneten Sie ihn, und färben Sie ihn rot. Rollen Sie ihn dann aus, und schneiden Sie einen roten Mund heraus. Feuchten Sie die Unterseite an, und drücken Sie den Mund auf den Kuchen. Schneiden Sie ein Stück von einer Lakritzschnecke ab, und drücken Sie es auf den Mund. Fügen Sie den Ball als Nase hinzu.

Schlagen Sie das Eiweiß und den Puderzucker für den „Zuckerklebstoff". Geben Sie ihn in einen Spritzbeutel aus Papier mit einer einfachen, kleinen Spritztülle. Kleben Sie zwei Lakritzstücke mit Zuckerguß als Augen auf den Kuchen. Spritzen Sie Umrisse um die Augen, und kleben Sie Teile der Lakritzschnecken darauf. Befestigen Sie mit Zuckerguß auch noch Kreuze aus Lakritze auf den Augen.

Schneiden Sie den Tüll in drei 10 x 138 cm große Stücke, und legen Sie sie übereinander. Reihen Sie den Tüll der Länge nach ein (Abb. 1). Ziehen Sie den Tüll bis auf eine Länge von 30 cm zusammen, und befestigen Sie das Ende. Spritzen Sie eine Linie mit Zuckerguß entlang der Kuchenbasis (Abb. 2). Pressen Sie die Halskrause fest auf die Linie aus Zuckerguß.

Für das Haar kräuseln Sie einige Geschenkbänder, indem Sie sie kurz über die Schneide einer Schere ziehen (Abb. 3). Kleben Sie das Haar mit Zuckerguß an. Schneiden Sie den Partyhut zurecht, oder basteln Sie einen aus Geschenkpapier. Stellen Sie aus den Papierresten eine Fliege her, die Sie auf den Kuchen legen.

(Foto S. 53 unten)

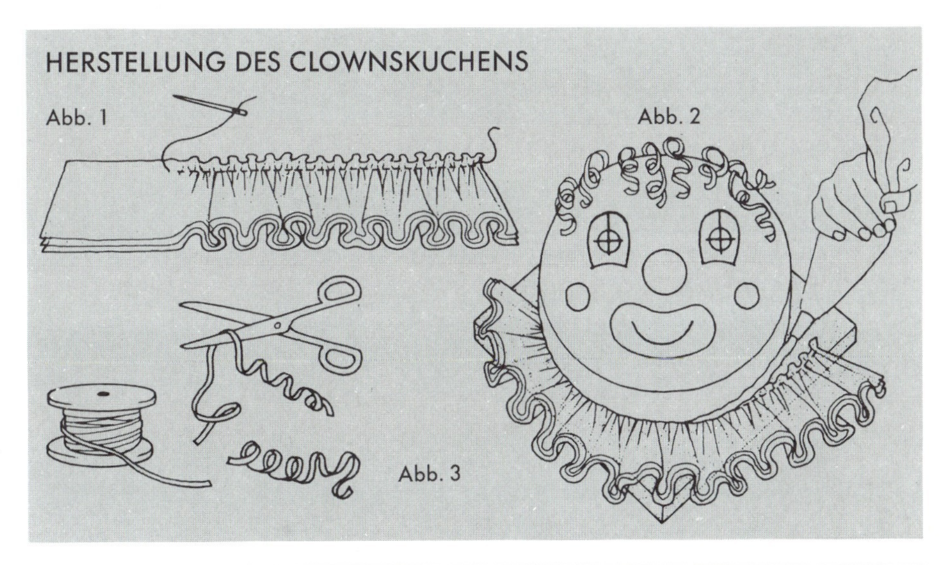

200 °C (Gas Stufe 3) vorgeheizten Backofen, bis der Teig aufgegangen ist. Teilen Sie die Pizza, und dekorieren Sie die Stücke mit Erbsen, Pilzen, Salami und Käse. Damit der Käse schmilzt, geben Sie die Pizza vor dem Servieren noch einmal 5–10 Minuten in den Backofen.
(Foto S. 54: vorne)

Würstchenraupe

Ergibt 12–14 Portionen
1 große Gurke
2 Cocktailkirschen
Zahnstocher
500 g Cocktailwürstchen
6 Scheiben Frühstücksspeck
227 g Ananasstücke aus der Dose
198 g Mandarinen aus der Dose
125 g milder, gewürfelter Käse

Schneiden Sie ein Ende der Gurke ab. Die Cocktailkirschen auf halbierte Zahnstocher spießen und als Augen in die Gurke stecken. Die Würste grillen oder braten. Die halbierten Speckstreifen jeweils um ein Ananasstückchen wickeln und das Ganze mit einem Zahnstocher feststecken. Die Speck-Ananas-Röllchen 3 Minuten grillen, bis der Speck knusprig ist. Mit den Würstchen abtropfen lassen. Die Würstchen auf Zahnstocher spießen und entlang des Gurkenscheitels befestigen. Die Röllchen abwechselnd mit Mandarinen-Käse-Spießchen auf beiden Seiten der Gurke feststecken.
(Foto S. 54: oben)

Clownsgesichtpizzas

Ergibt 10–12 Portionen
375 g Mehl
2 TL Backpulver
2 EL Salz
75 g in kleine Stücke geschnittene Margarine
1 Ei
150 ml Milch
Für den Belag:
1 EL Öl
2 große, fein geschnittene Zwiebeln
1 kleine grüne, entkernte und fein geschnittene Paprika
397 g klein geschnittene Tomaten aus der Dose
2 EL Tomatenmark
1 Lorbeerblatt
½ EL Paprika
Salz und Pfeffer
Zum Dekorieren:
1 Handvoll gekochte Erbsen
50 g in Scheiben geschnittene Pilze
6 Scheiben Salami
75 g geriebener Käse

Sieben Sie das Mehl und das Salz auf eine Arbeitsplatte, geben Sie die Margarine in Flocken dazu, und hacken Sie alles mit dem Pfannenmesser durch, bis das Ganze feinen Brotkrumen gleicht. Schlagen Sie das Ei mit der Milch, und fügen Sie es nach und nach hinzu, bis ein weicher Teig entsteht. Legen Sie ihn dann auf eine mit Mehl bestäubte Arbeitsfläche, und kneten Sie ihn leicht.
Fetten Sie eine 33 x 23 cm große, flache Backform ein, und legen Sie den Teig darin aus.
Für den Belag erhitzen Sie das Öl in einem Topf und braten darin die Zwiebeln, bis sie glasig sind. Die grüne Paprika, die Tomaten, das Tomatenmark, das Lorbeerblatt, das Paprikagewürz, Salz und Pfeffer hinzufügen. Lassen Sie die Mischung 20 Minuten köcheln, bis sie auf die Hälfte reduziert ist. Streichen Sie die Mischung durch ein Sieb, bis sie sämig ist. Verteilen Sie sie dann auf dem Teig. Backen Sie das Ganze 30 Minuten in einem auf

Tierchips

Ergibt etwa 24 Stück
6 große, dünne Scheiben Schwarzbrot
streichfähige Butter
Fleischpaste als Aufstrich
2 kleine Päckchen Kartoffelchips

Entfernen Sie die Brotrinden, und legen Sie sie beiseite. Flachen Sie das Brot mit einem Nudelholz etwas ab.

Bestreichen Sie das Brot mit der Butter und der Fleischpaste. Zerstoßen Sie die Kartoffelchips in kleine Stückchen, und drücken Sie sie auf die bestrichene Seite der Brotscheiben. Stechen Sie mit kleinen Ausstechförmchen Tiere aus – je Brotscheibe vier Tiere.
(Foto S. 55: rechts)

Orangen-Bananen-Drink

Ergibt etwa 1,5 Liter
5 geschälte Bananen
2 EL Zitronensaft
2 EL klarer Honig
1,2 l Orangensaft
6 Kugeln Vanilleeis
6 Orangenscheiben

Zerkleinern Sie die Bananen, und streichen Sie sie durch ein Sieb. Geben Sie unter kräftigem Rühren den Zitronensaft und den Honig zu, bis die Flüssigkeit sämig ist. Fügen Sie die Hälfte des Orangensafts hinzu, und rühren Sie erneut. Geben Sie die Flüssigkeit dann in einen großen Krug, und schütten Sie den restlichen Saft dazu. Geben Sie eine Eiskugel in die Gläser, bevor Sie sie auffüllen.
(Foto S. 55: Mitte)

Die Flügel des Seiltänzers

Ergibt 24 Stück
3 Eigelb, 50 g Zucker
120 ml Sahne
1 Fläschchen Vanillearoma
275 g Mehl, Öl zum Fritieren
Puderzucker

Rühren Sie die Eigelbe, den Zucker, die Sahne, das Vanillearoma und das Mehl zu einem sämigen Teig. Wellen Sie ihn auf einer leicht mit Mehl bestäubten Arbeitsfläche dünn aus. Schneiden Sie mit einem Wellenrädchen 24 rautenförmige Stücke aus dem Teig.
Bringen Sie in der Mitte jeder Raute einen kleinen Schnitt an, stecken Sie zwei der Ecken hindurch, und ziehen Sie sie auf der anderen Seite leicht nach außen. Danach in einer Pfanne 3–4 Minuten goldbraun fritieren. Mit gesiebtem Puderzucker bestäuben.
(Foto S. 55: links)

Schoko-Karamel-Teilchen

Ergibt 16 Stück
125 g Butter oder Margarine
50 g Zucker
125 g Mehl
50 g gemahlener Reis
Für die Füllung:
125 g Butter oder Margarine
50 g Zucker
2 EL Ahornsirup
200 ml Kondensmilch
Für den Überzug:
125 g Vollmilchschokolade
2 EL Milch

Fetten Sie eine 20 cm große flache, quadratische Form ein.
Rühren Sie die Butter oder Margarine und den Zucker cremig. Fügen Sie das Mehl und den Reis hinzu, und rühren Sie, bis die Mischung fest wird. Kneten Sie den Teig dann noch ein wenig. Wellen Sie ein Quadrat aus, und drükken Sie es gleichmäßig in die Form. Stechen Sie den Teig mit einer Gabel mehrmals ein. Backen Sie ihn etwa 30 Minuten in einem auf 180 °C (Gas Stufe 2) vorgeheizten Backofen. In der Form abkühlen lassen.
Geben Sie die Zutaten für die Füllung in einen Topf, und erhitzen Sie sie, bis sich der Zucker auflöst. Bringen Sie das Ganze dann langsam zum Kochen, und rühren Sie dann 5–7 Minuten lang, bis die Masse eine goldene Farbe angenommen hat. Verteilen Sie sie auf dem Teig, und lassen Sie sie festwerden.
Für den Überzug erhitzen (nicht kochen!) Sie die Schokolade und die Milch in einem Topf, bis die Mischung geschmolzen ist. Verteilen Sie sie auf der Karamelfüllung, und lassen Sie die Masse ruhen. Schneiden Sie sie dann in 5 cm große Stücke.
(Foto S. 57: links)

Bei diesem Clownstrick ist der Eimer mit Konfetti gefüllt

Schokokuchen

Ergibt 15 Stück
125 g Vollmilchschokolade
300 ml Milch
125 g brauner Zucker
125 g Butter oder Margarine
125 g Zucker, 2 getrennte Eier
250 g Mehl, 1 EL Natron
Für die Buttercreme:
25 g Butter oder Margarine
1–2 EL Milch
125 g Puderzucker
1 EL Kakaopulver

Fetten Sie eine 18 x 28 cm große Backform ein. Legen Sie sie mit Backpapier aus, das auf zwei gegenüberliegenden Seiten etwas übersteht.
Geben Sie die Schokolade, 4 EL Milch und den braunen Zucker in einen Topf. Erhitzen Sie die Masse leicht, und rühren Sie sie, bis alles geschmolzen ist. Gießen Sie dann die restliche Milch dazu.

Rühren Sie die Butter oder Margarine und den Zucker cremig, und geben Sie dann die Eigelbe hinzu. Sieben Sie das Mehl und das Natron zusammen in eine Schüssel. Fügen Sie die Cremernischung zur Schokoladenmischung hinzu, und rühren Sie, bis die Masse sämig ist.
Schlagen Sie die Eiweiße, bis die Masse kleine Spitzen bildet. Heben Sie 1 EL Eiweiß unter die Mischung, damit sie schön locker wird, und geben Sie dann vorsichtig den Rest dazu.
Füllen Sie die Masse in die vorbereitete Form, und backen Sie sie 50 Minuten bei 180 °C (Gas Stufe 2) im vorgeheizten Backofen. Der Kuchen ist fertig, wenn bei einem leichten Eindruck mit dem Finger keine Delle zurückbleibt. Stellen Sie ihn danach ein Zeitlang zum Abkühlen auf ein Kuchengitter.

Für den Zuckerguß geben Sie die Butter oder Margarine und 1 EL Milch in einen kleinen Topf. Erhitzen Sie die Zutaten langsam, bis sie schmelzen. Sieben Sie den Puderzucker und das Kakaopulver zusammen in eine Schüssel, geben Sie die Mischung in die Pfanne, und rühren Sie kräftig. Wenn nötig, geben Sie noch etwas Milch dazu. Gießen Sie die Masse über den noch warmen Kuchen, und verteilen Sie sie gleichmäßig bis in die Ecken.
(Foto S. 57: rechts)

Feuerschluckerbrause

Ergibt 2 Liter
1,2 l Ingwerlimonade
250 ml Zitronensirup, 600 ml Sprudel
Scheiben von 1 unbehandelten Zitrone

Geben Sie die Limonade und den Zitronensirup in einen großen Krug. Gießen Sie das Sodawasser dazu, und lassen Sie die Zitronenscheiben auf der Oberfläche schwimmen.
(Foto S. 57: rechts oben)

Ausflug ins Märchenland

Welches Mädchen träumt nicht davon, eine wunderschöne Prinzessin zu sein? Welcher Junge möchte nicht gerne ein Zauberer sein, der mit einem magischen Spruch alle Aufgaben lösen, Feinde in Freunde, Krieg in Frieden verwandeln kann? Die Welt der Märchen übt eine ungetrübte Faszination auf die Kinder dieser Welt aus. Machen Sie also einen Ausflug ins Märchenland, tauchen Sie mit Ihren kleinen Gästen ein in die Erlebniswelt der Gebrüder Grimm, von Andersen oder Hauff. Die Kinder sollen als ihre Lieblingsmärchenfigur verkleidet zur Party erscheinen. Da sich die verschiedenen Spiele auf bestimmte Märchen beziehen, fragen Sie Ihre Gäste vorher, ob sie das betreffende Märchen schon kennen. Ist das Märchen mehreren Kindern fremd, erzählen Sie es kurz nach, damit die Besucher wissen, um was es bei den Spielen geht. Oder lassen Sie Kinder die Märchen erzählen, das wird dann besonders lustig. Die Spiele eignen sich besonders gut für die Wohnung. Versuchen Sie, das Spielzimmer möglichst märchenhaft zu dekorieren, indem Sie beispielsweise Sterntaler von der Decke baumeln lassen. Das Geburtstagskind ist am heutigen Tage tatsächlich ein König oder eine Königin. Sein Stuhl am Kaffeetisch sollte daher in einen Thron verwandelt werden. Stecken Sie hierzu golden bemalte Styroporkugeln auf die Enden der Armlehnen, und kleben Sie eine große goldene Krone hinter die Rückenlehne. Achten Sie jedoch darauf, daß sich der Regent oder die Regentin nicht allzu herrisch benimmt, sonst sind die Gäste schnell verärgert und lustlos.

Diese originellen Einladungskarten mit Motiven aus Froschkönig und Rotkäppchen sind gar nicht so schwer nachzubasteln

Märchenkarten basteln

Dornröschen- und Froschkönig-Karte

★ Falten Sie ein 21 x 31 cm großes Stück weißes Tonpapier in der Mitte zusammen, übertragen Sie das Schloß von der Vorlage, und schneiden Sie es dann aus.

★ Klappen Sie die beiden Papierhälften auseinander, und öffnen Sie das Tor auf einer Seite mit dem Cutter. Entlang der Faltkante wird nicht geschnitten (Abb. 1)! Klappen Sie das Tor herunter, und kleben Sie die Papierhälften zusammen. Jetzt das Schloß mit Rosenranken, goldenen Fenstern und Giebeln verzieren.

★ Schneiden Sie den Torhintergrund zu. Falten Sie ihn in der Mitte zusammen, und schneiden Sie die Laschen ein (Abb. 2). Öffnen Sie das Papier, und knicken Sie dabei die Laschen nach außen. Bestreichen Sie das Papier bis auf die Laschen mit Alleskleber, und kleben Sie es in das Schloß.

★ Mit Hilfe der Vorlage die Märchenfiguren ausschneiden und auf die Laschen kleben. Jetzt noch die Partyinformationen hineinschreiben, fertig!

Rotkäppchenkarte

Falten Sie ein 22 x 15 cm großes Stück Tonpapier auf die Hälfte zusammen, und schneiden Sie das Tannenmotiv mit Hilfe der Vorlage aus. Schneiden Sie die beiden Laschen ein, knicken Sie sie nach außen, und kleben Sie die Märchenfiguren darauf. Schreiben Sie die Informationen zur Party in den Wald.

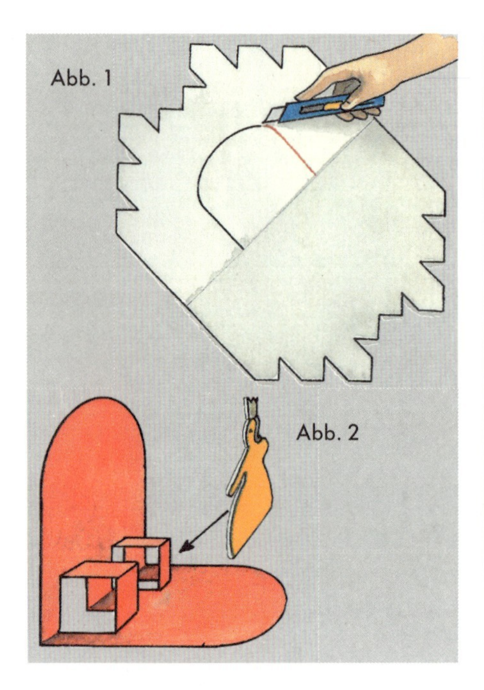

20 Luftballons sind das Bett der Prinzessin auf der Erbse

Spiel und Spaß

Sprachwirrwarr am Knuspertisch

Am Knuspertisch unterhalten sich alle in ihrer Lieblingssprache. Dabei kann sich jeder Gast eine andere Sprache ausdenken, damit es ein richtiges Durcheinander gibt:

Die Waldsprache: War wanschan dam Gabartstagskand allas Gata!

Die Hexensprache: Mechtest de een Steck Kechen – frech es dem Efen?

Die Wichtsprache: Libir nicht! Ir kinnti virzibirt sin.

Die Gnomsprache: Gob mor don Kochon! Och hobo kono Ongst vor Zobororn.

Die Mucksprache: Uch kunn un munun Puntuffuln judum Zuburur wuglufun.

Die Feensprache: Wiefe gefefälltfe euchfe dasfe Märfechenfelandfe?

Stumme Königswahl

Dies ist ein weiteres Spiel, das sich für den Knuspertisch eignet. Die Kinder wählen den/die Knuspertischkönig/-königin wortlos. Die Kinder sollen sich nur mit Blicken so gut verständigen, daß schließlich alle einen König/eine Königin anschauen.

Der Kampf um die goldenen Äpfel

Falten Sie ein 14 x 25 cm großes Stück Goldpapier in der Mitte zusammen, und übertragen Sie darauf das Apfelmotiv von der Vorlage. Dann schneiden Sie den Apfel bis auf eine Klappkante aus. Schreiben Sie auf weißes Papier eine der Aufgaben der folgenden Spielideen, zum Beispiel: „Das Märchen vom Schlaraffenland“, „Der kleine Muck“ oder „Rotkäppchen“. Kleben Sie das Papier in den aufgeklappten Apfel. Für jedes Spiel benötigen Sie einen Apfel. Um die Reihenfolge der Spiele zu steuern, numerieren Sie die Äpfel. Nun können Sie sie an eine Wäscheleine oder an einen echten Baum im Garten hängen. Sind viele Kinder im Märchenland, ist es günstig, zwei Gruppen zu bilden. Die gute Fee, das wird in den meisten Fällen die Mutter des Gastgeberkindes sein, bittet jeweils ein Kind, einen Apfel zu pflücken und die Spielaufgabe vorzulesen. Falls die Kinder noch nicht lesen können, übernehmen Sie diese Aufgabe. Die Spieler, die die Aufgabe im Innern der Frucht erfolgreich lösen, bekommen den goldenen Apfel. Wer wird wohl die meisten Äpfel sammeln?

Die Prinzessin auf der Erbse

Eine Prinzessin beweist, daß sie wirklich eine Prinzessin ist, indem sie durch 20 Matratzen eine Erbse spürt.

Spiel: Beide Mannschaften wählen eine Prinzessin, für die sie ein Bett aus 20 Luftballons bauen. Wer hat zuerst ein Luftballonbett aufgeblasen, auf dem die Prinzessin bequem liegen kann? Musik erklingt. Jeder greift sich so viele Ballons, wie er halten kann, um als Ballonella-Cinderella oder Ballonkönig durch den Märchenwald zu tanzen. Lustige Tanzspiele mit Ballons zwischen den Stirnen, den Knien oder den Popos und mit an den Füßen angebundenen Ballons folgen.

Das Märchen vom Schlaraffenland

Wer sich durch eine Mauer aus Reisbrei ins Schlaraffenland gegessen hat, dem fliegen gebratene Vögel in den Mund. Jede Stunde Schlafen bringt ein Silberstück ein, Gähnen sogar ein Goldstück.

Spiel: Die Mannschaften stellen sich jeweils vor ein mit Papier zugeklebtes Reifenloch. Die beiden Starter „fressen" sich mit einem starken Kopfstoß ins Schlaraffenland. Während ihnen die beiden nächsten Schlaraffis mit einem Seil folgen, laufen sie schnell zum Bonbonbaum und pflükken (eventuell mit Hilfe ihres Partners) ein Bonbon. Wer will, kann hier eine echte Eßaufgabe oder eine Mundschnappaufgabe einbauen. Weil man im Schlaraffenland vor lauter Essen und Schlafen so dick wird, müssen sich nun die jeweiligen Partner mit dem Seil in Bauchhöhe zusammenbinden und dann so „dick" aus dem Schlaraffenland kriechen. Sobald sie ihr Seil losgebunden haben, können die nächsten Schlaraffis starten. Bei ungerader Gruppengröße startet jeweils ein Kind zweimal.

Die „Superschlaraffis", die als erste ihre Ausflüge beenden, haben am Schluß gewonnen.

Der kleine Muck

In seinen Zauberpantoffeln wird der kleine Muck ein königlicher Schnellläufer.

Spiel: Besorgen Sie 4 Schuhkartons mit Deckel oder viel zu große Schuhe. In der ersten Runde steigen zwei Kinder in die oben etwas aufgeschlitzten Kartons und laufen über eine Rennstrecke durchs Märchenland. Der Sieger erobert einen Punkt für seine Gruppe. Den goldenen Apfel erhält die Gruppe mit den meisten Punkten. In der zweiten Runde bilden sich aus den Siegern neue Paarungen, so daß im K.-o.-System der königliche Schnelläufer gefunden wird.

Ali Baba und die vierzig Räuber

„Sesam, öffne dich!" Mit Hilfe dieses Spruches öffnen die Räuber das Tor zur großen Höhle.

Spiel: Stellen Sie im Zimmer eine geschlossene Kiste mit Eis bereit. Beide Gruppen bekommen einen Briefumschlag. In jedem befinden sich acht kleine Pappstücke mit den Buchstaben

P Z A U R L N E.

Wer bildet das Zauberwort zuerst?

(Rapunzel)

Rotkäppchen

Auf dem Weg zur Großmutter trifft Rotkäppchen den Wolf. Es läßt sich von ihm überreden, einige Blumen zu pflücken.

Spiel: Bei der Suche nach den vielen im Haus oder im Garten versteckten Papierblumen hat Rotkäppchen beide Mannschaften als Helfer. Eifrig machen sie sich auf die Suche, bis ein lautes Wolfsgeheul ertönt. Sofort müssen sich alle in einer vorher festgelegten Ecke in Sicherheit bringen. Wer dort zuletzt ankommt, scheidet aus. Die Suche geht jedoch weiter. Vielleicht laufen die schnelleren Sucher weiter weg, um ihren langsameren Kameraden den kürzeren Rückweg zu ermöglichen?

Den Apfel bekommt nach fünf Durchgängen die Gruppe mit den meisten Blumen.

Tiere im Märchen

Lesen Sie den Kindern jeweils einen Tiernamen vor. Wer zuerst das dazugehörige Märchen nennt, bekommt einen Punkt. Die Gruppe mit den meisten Punkten erhält den Apfel.

1. Wolf
2. Bär
3. Taube
4. Frosch
5. Esel
6. Hund
7. Ratte
8. Reh
9. Fliege
10. Ente
11. Hahn
12. Rabe
13. Gans
14. Storch und Eule

Lösungen: 1. Rotkäppchen, 2. Schneeweißchen und Rosenrot, 3. Aschenputtel, 4. Der Froschkönig, 5. Tischlein, deck dich, 6. Die Bremer Stadtmusikanten, 7. Der Rattenfänger von Hameln, 8. Brüderchen und Schwesterchen, 9. Das tapfere Schneiderlein, 10. Hänsel und Gretel, 11. Die Bremer Stadtmusikanten, 12. Die sieben Raben, 13. Die goldene Gans, 14. Kalif Storch.

Flink wie Aschenputtels Täubchen: Mit Eisstielen und Stricknadeln sortieren die Kinder Murmeln und Perlen

Zitate aus Märchen

Diese Zitate können von der guten Fee vorgelesen oder vorher von verschiedenen Kindern auf Tonband gesprochen werden. Die Stimmen zu erkennen ist eine sehr reizvolle Zusatzaufgabe.

1. Heinrich, der Wagen bricht – nein, Herr, der Wagen nicht.
2. Herbei, herbei, gekocht ist der Brei.
3. Heute back' ich, morgen brau' ich, übermorgen hol' ich der Königin ihr Kind.
4. Bäumchen, rüttel dich und schüttel dich, wirf Gold und Silber über mich.
5. Der Wind, der Wind, das himmlische Kind.
6. Was rumpelt und pumpelt in meinem Bauch herum?
7. Was macht mein Kind? Was macht mein Reh? Nun komm' ich noch zweimal und dann nimmermehr.
8. Kikeriki, unsere goldene Jungfrau ist wieder hie.
9. Ich bin so satt, ich mag kein Blatt: meh, meh!
10. Spieglein, Spieglein an der Wand, wer ist die Schönste im ganzen Land?
11. Oh, du Fallada, da du hangest!
12. Dem bösen Zauberer gehören diese Gründe.
13. Sesam, öffne dich!
14. Zicklein, meck, Tischlein, deck.
15. Mein Vöglein mit dem Ringlein rot singt leide, leide, leide:
Es singt dem Täubelein seinen Tod, singt Leide, Lei – zicküth, zicküth, zicküth.
16. Mutabor!
17. Ei, Großmutter, was hast du für große Ohren!
18. Gut Mus feil, gut Mus feil!

Lösungen: 1. Der Froschkönig, 2. Der kleine Muck, 3. Rumpelstilzchen, 4. Aschenputtel, 5. Hänsel und Gretel, 6. Der Wolf und die sieben Geißlein, 7. Brüderchen und Schwesterchen, 8. Frau Holle, 9. Tischlein, deck dich, 10. Schneewittchen, 11. Die Gänsemagd, 12. Der gestiefelte Kater, 13. Ali Baba und die 40 Räuber, 14. Einäuglein, Zweiäuglein und Dreiäuglein, 15. Jorinde und Joringel, 16. Kalif Storch, 17. Rotkäppchen, 18. Das tapfere Schneiderlein.

Gegenstände im Märchen

Ein Kind darf einen Gegenstand beschreiben, ohne ihn beim Namen zu nennen. Die Mitspieler raten den Begriff und ordnen ihm ein Märchen zu.

1. Spindel
2. Spiegel
3. goldene Kugel
4. Schuh
5. Standuhr
6. Tuch mit drei Blutstropfen
7. Kopfkissen
8. Gürtel
9. blutrote Blume
10. Stroh
11. Korb mit Kohlköpfen
12. Stock mit Löwenkopf
13. Erbse
14. Goldklumpen

Lösungen: 1. Dornröschen, 2. Schneewittchen, 3. Der Froschkönig, 4. Aschenputtel, 5. Der Wolf und die sieben Geißlein, 6. Die Gänsemagd, 7. Frau Holle, 8. Das tapfere Schneiderlein, 9. Jorinde und Joringel, 10. Rumpelstilzchen, 11. Zwerg Nase, 12. Der kleine Muck, 13. Die Prinzessin auf der Erbse, 14. Hans im Glück.

Kleine Bälle mit der Nase zu rollen macht allen Gästen Spaß

Aschenputtel
Weil die böse Stiefmutter nicht will, daß Aschenputtel zum Fest auf das Schloß des Königs geht, schüttet sie eine Schüssel Linsen in die Asche. Wenn Aschenputtel sie in zwei Stunden aus der Asche ausliest, darf sie mitgehen. Ihre Freunde, die Täubchen, helfen ihr:

Die guten ins Töpfchen,
die schlechten ins Kröpfchen.

Spiel: In jedem Durchgang treten zwei Paare gegeneinander an. Ein Kind nimmt zwei Eisstiele für die Murmeln, das andere zwei Stricknadeln für die Perlen. Beide Paare stellen sich an die einander gegenüberliegenden Tischseiten, wo jeweils ein mit 20 Perlen und 20 Murmeln gefülltes Gefäß und zwei leere Becher oder Flaschen stehen. Beim Startkommando geht das Sortieren los.

Der Zwerg Nase
Ein hübscher Junge wird von einer alten Frau in einen Zwerg mit einer langen Nase verwandelt. Die Gans Mimi hilft ihm bei der Suche nach dem Zauberkraut, das ihn zurückverwandelt.

Spiel: Mit der Nase wird ein kleiner Ball über einen geschlängelten Weg gelenkt. Auf dem Rückweg wird eine Münze auf der Nase balanciert.

Froschkönig
Eine schöne Prinzessin verspricht einem Frosch, ihn liebzuhaben und ihn bei sich aufzunehmen, wenn er ihr dafür ihre goldene Kugel aus dem Brunnen holt.

Spiel: Die Prinzessin versucht, ihre goldene Kugel (einen Tischtennisball) in die Krone auf dem Kopf des Froschkönigs zu werfen. Der König kann bewegungslos stehen oder auch mithelfen, den Ball zu fangen.

Werbemärchen
In Gruppen überlegen sich die Kinder, in welchen Märchenszenen sie für gewisse Produkte werben können. Sie üben solche Szenen, um sie dann den anderen Geburtstagsgästen vorzuspielen.

KRONE BASTELN

Die Krone wird nach der Vorlage aus dem Fotokarton ausgeschnitten, mit Goldfolie beklebt, verziert und zusammengeheftet. Durch zwei ausgestanzte Löcher wird ein Gummifaden gezogen und verknotet.

Märchenhaftes Essen

Arme Ritter

Ergibt 4 Stück
1 Ei
½ Päckchen Vanillinzucker
125 ml Vollmilch
1 Prise Salz
4 Scheiben Toastbrot
4–5 EL Paniermehl
2 EL Butter
1 EL Zimt und Zucker

Verquirlen Sie das Ei, den Vanillinzukker, die Milch und das Salz. Ziehen Sie die Brotscheiben durch die Eiermilch, und wenden Sie sie dann im Paniermehl.
Erhitzen Sie die Butter, und backen Sie die Brotscheiben darin von beiden Seiten goldbraun. Legen Sie sie auf Teller, und bestreuen Sie sie mit Zimt und Zucker.
(Foto S. 64 oben)

Rumpelstilzchenklöße

Ergibt 12 Stück
Für die Klöße:
160 g Hirsemehl
2 kleine Zwiebeln
2 TL Sonnenblumenöl
2 kleine Eier
4 TL Semmelbrösel
1 Prise Salz
geriebene Muskatnuß
Für die Sauce:
4 Tomaten
2 TL Sonnenblumenöl
4 TL Weizenvollkornmehl
½ l Gemüsebrühe
1 Prise Salz
Paprikapulver edelsüß
Zum Dekorieren:
6 Tomaten
1 Möhre
3 gefüllte Oliven

Bringen Sie zunächst ½ l Wasser in einem Topf zum Kochen. Das Hirsemehl unter Rühren hineingeben und bei schwacher Hitze in etwa 20 Minuten ausquellen lassen. Dann den Hirsebrei kühl stellen.
Schälen Sie die Zwiebeln, und hacken Sie sie klein. Erhitzen Sie das Öl in einer Pfanne, und dünsten Sie die Zwiebelwürfel darin glasig.
Die Eier, die Semmelbrösel und die Zwiebeln zur kalten Hirsemasse geben, alles zu einem festen Teig verarbeiten und mit etwas Salz und Muskat pikant abschmecken.
Bringen Sie reichlich Salzwasser in einem Topf zum Kochen. Formen Sie aus dem Hirseteig 12 Klöße, und lassen Sie sie in das kochende Wasser gleiten. Die Klöße etwa ¼ Stunde bei mäßiger Hitze ziehen lassen.
Nehmen Sie dann die Klöße aus dem Wasser, und stellen Sie sie zugedeckt warm.
Waschen Sie für die Sauce die Tomaten, entfernen Sie den Stielansatz, und schneiden Sie die Tomaten klein. Das Öl in einem flachen Topf erhitzen und die Tomatenwürfel darin andünsten. Bestäuben Sie sie mit dem Vollkornmehl, gießen Sie dann die Gemüsebrühe unter Rühren an. Lassen Sie das Ganze bei schwacher Hitze etwa 10 Minuten köcheln.
Passieren Sie die Sauce durch ein Sieb, und schmecken Sie mit Salz und Paprikapulver ab. Gießen Sie auf flachen Tellern mit der Sauce einen Spiegel an, setzen Sie die Klöße darauf. Halbieren Sie die Tomaten, höhlen Sie sie aus, und setzen Sie jedem der Klöße eine Hälfte auf. Schneiden Sie die Möhre zu kleinen Stiften, und stecken Sie diese als Nase in die Klöße. Die Oliven in Scheiben schneiden und dann als Augen in die Klöße pressen.
(Foto S. 64 unten)

Gemüseschwäne

Ergibt 2 Stück
Für den Brandteig:
150 ml Milch 1,5 % Fett
1 TL Butter
1 Prise Salz
5 EL Weizenvollkornmehl
Für das Gemüse:
2 kleine Karotten
100 g Brokkoli
1 TL Butter
100 ml Gemüsebrühe
1 kleines Ei
1 Msp. Backpulver
1 Prise Salz
schwarzer Pfeffer
gehackte Petersilie

Bringen Sie die Milch, die Butter und das Salz in einem kleinen Topf zum Kochen. Schütten Sie das Mehl auf einmal hinein, und rühren Sie mit einem Kochlöffel so lange, bis ein glatter Kloß entstanden ist und sich am Topfboden ein weißer Belag gebildet hat. Lassen Sie den Kloß etwas abkühlen.
Heizen Sie den Backofen auf 220 °C (Gas Stufe 4) vor. Legen Sie ein Backblech mit Backpapier aus.
Rühren Sie das Ei und das Backpulver unter den kalten Teig, bis eine glatte Masse entstanden ist.
Füllen Sie den Teig in einen Spritzbeutel mit großer Tülle, und spritzen Sie für die Schwanenkörper zwei walnußgroße Häufchen auf das Backblech. Behalten Sie etwa 2 Eßlöffel für die Schwanenhälse zurück.
Den Brandteig auf der mittleren Schiene etwa 20 Minuten backen, bis er sein Volumen verdoppelt hat und goldgelb ist. Nehmen Sie ihn dann heraus, und schneiden Sie oben einen Deckel ab. Diesen längs halbieren.
Waschen Sie inzwischen das Gemüse. Schälen Sie die Karotten, schneiden Sie sie in Scheiben, und zerteilen Sie die Brokkoli in kleine Röschen.
Erhitzen Sie die Butter in einem Topf, und dünsten Sie das Gemüse darin an. Würzen Sie mit Pfeffer und Salz. Gießen Sie die Gemüsebrühe an, und garen Sie das Gemüse zugedeckt in etwa 1/4 Stunde bißfest.
Spritzen Sie aus dem zurückgehaltenen Teig zwei S auf das Backblech, und backen Sie diese im heißen Ofen etwa 5 Minuten.
Füllen Sie das gegarte Gemüse in den Brandteig. Stecken Sie die gebackenen S und die zwei Deckelhälften so in das Gemüse, daß zwei Schwäne entstehen.
(Foto S. 65)

Im Land der Abenteuer

Diese Party sollte wenn möglich im Freien stattfinden, da das Motto „Abenteuer und Leben in der Wildnis" lautet. Wenn es warm ist, sollten die Kinder in Shorts und T-Shirt kommen, wenn vorhanden auch Tropenhelme und Rucksäcke mitbringen! Findet die Party im Winter statt, könnten sie sich wie zu einer Expeditionsreise an den Nord- oder Südpol anziehen!

Gestalten Sie die Party aufregend und aktionsreich – Sie könnten die Kinder sogar auf einen Abenteuerspielplatz mitnehmen.

Richten Sie aus Tischen, Stühlen und Decken ein improvisiertes Zelt für die Kinder her, oder behängen Sie die untere Hälfte von Etagenbetten rundherum mit Tüchern (entfernen Sie jedoch zuerst das Bettzeug).

Als Einladungskarte nehmen Sie eine Postkarte, auf der Sie den Weg einzeichnen. Fordern Sie die Kinder auf, diesem Weg zu folgen und dabei alle Gefahren zu meiden. Oder benutzen Sie für die Wegbeschreibung einen Geheimcode: A=1, B=2 und so weiter, dann ist es nicht so schwierig. Die Kinder müssen den Code „knakken" können, sonst erfahren sie nicht, wann sie wohin kommen sollen!

Verpacken Sie die Verpflegung portionsweise, und geben Sie jedem Kind eines dieser Lunchpakete. Wenn Sie mit den Kindern ausgehen, bitten Sie sie, für ihr Essen einen Rucksack mitzubringen. Das Essen kann am Morgen der Party vorbereitet und in Folie eingepackt werden. (Das bedeutet auch, daß es keinen Tisch zu decken gibt!) Wenn die Party im Haus stattfindet, breiten Sie auf dem Boden eine Zeltplane oder Decke aus, damit ein richtiges Abenteuergefühl aufkommt.

Die Kinder stellen ihre Schatzkarten vielleicht besser in Gruppenarbeit her, da das Ganze ziemlich zeitaufwendig ist. Die Symbole können gezeichnet oder ausgeschnitten werden

Schatzkarten anfertigen

Legen Sie bei Ankunft der Kinder Papier und Stifte bereit. Fordern Sie die Kinder dann auf, je eine Schatzkarte zu zeichnen, die Dschungel, Sümpfe und Berge enthält! Hier einige Symbole zur Anregung:

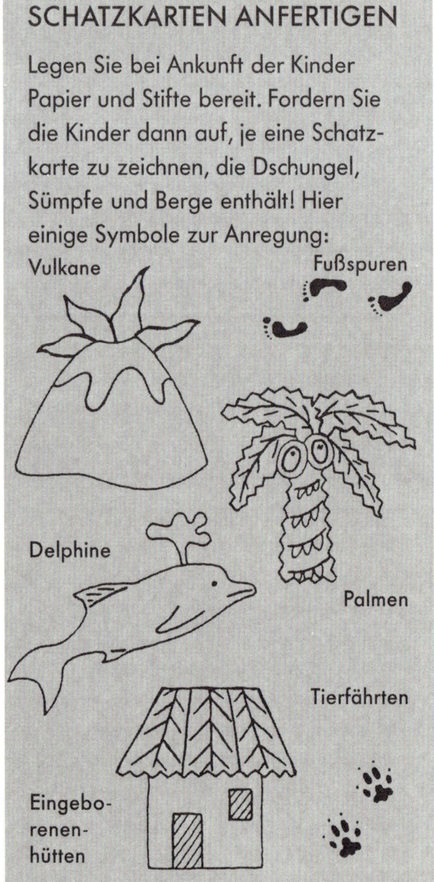

Spiel und Spaß

Schokoladenessen

Legen Sie einen Hut, einen Schal, ein Paar Handschuhe und einen Mantel bereit. Außerdem brauchen Sie einen Würfel, eine große Schokoladentafel auf einem alten Teller, ein Messer und eine Gabel. Fordern Sie die Kinder auf, um diese Gegenstände herum einen Kreis zu bilden und sich zu setzen. Dann beginnt eines der Kinder nach dem anderen zu würfeln. Sobald ein Kind eine Sechs würfelt, muß es aufspringen, alle Kleidungsstücke anziehen und anfangen, die Schokolade mit Messer und Gabel zu essen. Währenddessen würfeln die anderen weiter. Sobald ein Mitspieler ebenfalls eine Sechs würfelt, muß das Kind mit dem Essen aufhören, alle Kleidungsstücke ausziehen und sie so schnell wie möglich an seinen Nachfolger übergeben.

Löffel und Faden

Für dieses Spiel brauchen Sie vier Holzlöffel und 2 x 2 Meter Bindfaden. Binden Sie an beide Enden des Fadens einen der Hölzlöffel. Teilen Sie die Kinder dann in zwei Gruppen von vier Personen ein, und lassen Sie sie jeweils in einer Reihe Aufstellung nehmen. Der erste Spieler muß einen der Löffel vorne unter seiner Kleidung nach unten schieben, und der zweite schiebt ihn unter seiner Kleidung wieder nach oben. Die Gruppe, der es zuerst gelingt, beide Löffel und die ganze Länge des Fadens ans andere Ende der Reihe zu bringen, hat das Spiel gewonnen.

Das Postspiel

Bekleben Sie schon vor der Party acht Marmeladengläser mit einem Etikett, auf dem jeweils der Name einer Großstadt deutlich zu lesen ist. Verteilen Sie die Gläser so im Haus und im Garten, daß man sie ohne allzu große Schwierigkeiten finden kann. Schneiden Sie viele kleine Zettel zurecht, und beschriften Sie jeweils 25 von ihnen mit dem Namen einer der Großstädte (also zum Beispiel 25 Zettel mit „New York" und 25 Zettel mit „London" und so weiter). Mischen Sie sie, und geben Sie jedem Kind einen beliebigen Zettel. Fordern Sie die Kinder auf, ihren Namen auf die Rückseite zu schreiben, das richtige Glas zu finden und den Zettel dort hineinzuwerfen. Dann müssen sie zurückrennen und sich den nächsten Zettel holen. Sieger ist derjenige, der die meisten Zettel eingeworfen hat.

Das Löffel-und-Faden-Spiel wird oft auch das Kicherspiel genannt – Sie werden schnell herausfinden, warum!

Toilettenpapier rollen

Die Kinder stellen sich in zwei Reihen hintereinander auf. Der jeweils erste Spieler bekommt eine volle Rolle Toilettenpapier, deren Ende er festhält. Dann reicht er die Rolle über seinen Kopf nach hinten weiter. Das letzte Kind in der Reihe hat die Aufgabe, das Toilettenpapier auf den Boden zu legen und es zwischen seinen Beinen und den Beinen der Mitspieler ganz nach vorne rollen zu lassen. Die Gruppe muß den gesamten Vorgang so lange wiederholen, bis das ganze Toilettenpapier ohne abzureißen wieder aufgerollt ist. Dann muß die Gruppe zehn Meter bis zur Ziellinie laufen. Die Gruppe, die mit intakter Toilettenrolle und immer noch stehend als erste die Ziellinie überquert, hat das Spiel gewonnen.

Blinzeln

Die Kinder wählen einen Detektiv, der das Zimmer verlassen muß. Fordern Sie die anderen Kinder dann auf, sich im Zimmer zu verteilen und zu entscheiden, wer der Mörder sein soll. Der Detektiv kommt herein und stellt sich in die Mitte des Zimmers. Wenn der Mörder einem der Kinder zublinzelt, muß dieses so theatralisch wie möglich „sterben".

Die Aufgabe des Detektivs ist es, alle Mitspieler sehr genau zu beobachten und den Mörder zu finden – möglichst bevor der Mörder der einzige Überlebende ist!

Abenteuerliches Essen

Gebirgskuchen

Biskuittortenboden (Durchmesser: 19 cm)
1 runder Becher mit marmorierter Eiscreme (Inhalt: 1 l)
4 Eiweiß
125 g Zucker

Legen Sie den Tortenboden auf einen flachen, hitzebeständigen Teller. Tauchen Sie den Becher mit der Eiscreme kurz in heißes Wasser, und stürzen Sie ihn dann auf den Tortenboden. Stellen Sie das Ganze ins Tiefkühlfach.

Schlagen Sie die Eiweiße, bis sie steif, aber noch nicht trocken sind, und heben Sie den Zucker nach und nach unter. Geben Sie die Baisermasse schnell über die Eiscreme, und ziehen Sie dabei kleine Spitzen nach außen. Backen Sie den Kuchen dann fünf Minuten in einem auf etwa 240 °C (Gas Stufe 5) vorgeheizten Backofen, bis die Spitzen eine goldbraune Färbung angenommen haben.
Sofort servieren!
(Foto S. 69)

Pionierpasteten

Die Füllung kann je nach Geschmack variiert werden: Nehmen Sie Hühnchen oder Fisch in einer leckeren weißen Sauce oder gut gewürzte Linsen für Vegetarier.

Ergibt 12 Portionen
250 g Frühstücksspeck
1 mittelgroße, gewürfelte Zwiebel
250 g Hackfleisch
1 Dose Bohnen in Tomatensauce
1 EL Worcestersauce, 500 g Mürbeteig
1 geschlagenes Ei, 2 EL Milch

Zerkleinern Sie den Speck, und erhitzen Sie ihn in einem Topf, bis das Fett austritt. Fügen Sie die Zwiebel hinzu, und kochen Sie beides, bis die Zwiebel eine goldbraune Färbung angenommen hat. Geben Sie das Hackfleisch dazu, und kochen Sie alles 10 Minuten unter gelegentlichem Rühren. Mischen Sie dann die Bohnen und die Worcestersauce darunter – abkühlen lassen.
Rollen Sie den Teig aus, und schneiden Sie 12 Kreise mit einem Durchmesser von 15 cm zu. Geben Sie die Füllung in die Mitte der Kreise. Bestreichen Sie die Ränder mit einem Teil des geschlagenen Eis. Klappen Sie die Teigränder dann über der Füllung zusammen, und pressen Sie sie fest aneinander.
Legen Sie die Pasteten auf ein Backblech, und bestreichen Sie sie mit dem mit der Milch verrührten Eirest. Backen Sie die Pasteten 25–30 Minuten im auf 200 °C (Gas Stufe 3) vorgeheizten Backofen. Danach warm oder kalt servieren!
(Foto S. 70/71: ganz links)

Verrückte Rühreier

Ergibt 12 Portionen
6 EL Milch
25 g Butter
10 geschlagene Eier
125 g in Scheiben geschnittener Schinken oder Salami
½ in Stifte geschnittene Gurke
Salz und Pfeffer
6 Pittabrote

Erhitzen Sie die Milch und die Butter in einer beschichteten Bratpfanne. Geben Sie die Eier dazu, und rühren Sie sie bei geringer Hitze, bis sie zu klumpen beginnen. Nehmen Sie sie dann vom Herd und lassen sie abkühlen. Schneiden Sie den Schinken oder die Salami in dünne Streifen, und rühren Sie sie zusammen mit den Gurkenstiften unter die Eimasse. Würzen

Sie nach Belieben. Schneiden Sie die Pittabrote diagonal in der Mitte durch, und öffnen Sie die Brothälften, so daß Taschen entstehen. Geben Sie die Füllung in die Pittataschen.
(Foto S. 70/71: Mitte links)

Teebrot für Wagehälse

Machen Sie das Brot am besten schon eine Woche vor der Party, und wickeln Sie es in Klarsichtfolie ein, damit es schön feucht bleibt.

Ergibt ca. 12 Scheiben
450 ml starker, heißer Tee
200 g brauner Zucker
375 g Trockenfruchtmischung
300 g Mehl
2 TL Backpulver
1 EL gemahlene Gewürzmischung
1 Ei

Mischen Sie den Tee, den Zucker und die Trockenfrüchte in einer Schüssel. Zudecken und über Nacht einweichen lassen. Eine 1 Liter fassende Brotform einfetten und den Boden mit Backpapier auslegen. Mehl, Backpulver, Gewürze und Ei zu der Trockenfruchtmischung geben und alles gut durchrühren. Die Masse in die Brotform geben, die Oberfläche glätten. Die Brotmischung etwa 1 3/4 Stunden im auf 180 °C (Gas Stufe 2) vorgeheizten Backofen backen.
(Foto S. 70/71: Mitte hinten)

Bergsteigerkekse

Ergibt 12 Stück
50 g Butter, 50 g Zucker
125 g Mehl, 175 g Puderzucker
1–2 EL Wasser, etwas Pfefferminzöl
175 g Vollmilchschokolade

Fetten Sie eine 18 x 28 cm große Biskuitrollenform ein. Die Butter und den Zucker schlagen, bis eine lockere Masse entsteht. Das Mehl hinzugeben und alles zu einem glatten Teig kneten. In die Biskuitrollenform drücken und mehrmals mit der Gabel einstechen. Den Teig dann 10–15 Minuten im auf 180 °C (Gas Stufe 2) vorgeheizten Backofen backen bis er goldbraun ist. Abkühlen lassen. Den Puderzucker in eine Schüssel sieben, mit Wasser und wenig Pfefferminzöl zu einer Masse verrühren.
Geben Sie die Zuckermischung auf den Biskuitboden. Die Mischung fest werden lassen. Die Schokolade in einer Schüssel im Wasserbad schmelzen, dann vorsichtig über den Zuckerguß gießen. Wenn die Masse fest geworden ist, in Stücke schneiden.
(Foto S. 70/71: Mitte vorne)

Erdnußkraftschnitten

Ergibt 50 Stück
150 g Butter oder Margarine
275 g Mehl
125 g geriebener Käse
2 EL Wasser
1 geschlagenes Ei
50 g zerkleinerte gesalzene Erdnüsse

Butter oder Margarine in Stücken unter das Mehl mischen und mit dem Pfannenmesser durchhacken, bis die Mischung feinen Brotkrumen gleicht. Mischen Sie den Käse darunter. Fügen Sie das Wasser hinzu, und kneten Sie die Mischung, bis ein fester Teig entsteht. Kneten Sie ihn noch einmal leicht durch, und rollen Sie ihn zu einem 25 cm großen Quadrat aus. Begradigen Sie die Ränder, und schneiden Sie das Quadrat in fünf Streifen. Legen Sie sie nicht zu dicht nebeneinander auf Backbleche. Bestreichen Sie sie mit dem geschlagenen Ei, und verteilen Sie die Erdnüsse darauf. Drükken Sie die Erdnüsse leicht an. Schneiden Sie die Streifen in 5 cm große Quadrate, und teilen Sie sie dann diagonal, so daß Dreiecke entstehen.
Backen Sie die Schnitten etwa 20 Minuten im auf 180 °C (Gas Stufe 2) vorgeheizten Backofen, bis sie goldbraun sind.
(Foto S. 70/71: rechts)

Popcorntüten

Ergibt 12 Stück
10 EL Maisöl
125 g Popcornmais
6 EL klarer Honig

Erhitzen Sie 2 Eßlöffel Öl in einem großen, schweren Topf. Geben Sie 25 g Popcorn dazu, schließen Sie den Topf mit einem Deckel, und garen Sie die Körner unter ständigem Schütteln des Topfes, bis alle aufgeplatzt sind. Nehmen Sie den Topf vom Herd, gießen Sie 1 Eßlöffel Honig über das

Popcorn, und rühren Sie, bis das Popcorn gleichmäßig mit Honig überzogen ist. Geben Sie es in eine Schüssel, und verfahren Sie mit dem übrigen Popcorn ebenso. In Papiertüten servieren.
(Foto S. 73: rechts)

Pfefferminzcreme à la Robinson

Ergibt 14 Portionen
3 Eigelb
150 g Zucker
300 ml Milch
1 EL Gelatine, in 3 EL Wasser aufgelöst
6 Tropfen grüne Lebensmittelfarbe
etwas Pfefferminzöl
400 ml gekühlte Kondensmilch
14 Waffelbecher
7 halbierte Stücke Raspelschokolade

Geben Sie die Eigelbe und den Zucker in eine hitzebeständige Schüssel, und schlagen Sie die Mischung, bis sie hell und cremig ist. Bringen Sie die Milch beinahe zum Kochen, und gießen Sie sie über die Eimischung. Mischen Sie alles gründlich. Stellen Sie die Schüssel über einen Topf mit kochendem Wasser, und rühren Sie die Mischung, bis sie eindickt. Fügen Sie die Gelatine hinzu, und rühren Sie, bis sie sich aufgelöst hat. Gießen Sie die Mischung durch ein Sieb, und lassen Sie sie abkühlen, bevor Sie die Lebensmittelfarbe und wenig Pfefferminzöl einrühren.
Schlagen Sie die Kondensmilch, bis sie eindickt, und geben Sie dann die grüne Crememischung dazu. Füllen Sie alles in einen festen, tiefkühlbeständigen Behälter, schließen Sie ihn, und stellen Sie ihn über Nacht ins Tiefkühlfach.
Geben Sie den Behälter für 30 Minuten in den Kühlschrank, damit die Creme etwas weicher wird. Füllen Sie die Creme dann in die Waffeleisbecher, und garnieren Sie sie mit der Raspelschokolade.
(Foto S. 73: links)

Kandierte Äpfel

Ergibt 12 Stück
12 Holzstäbchen, 12 mittelgroße Äpfel
750 g brauner Zucker
75 g Butter, 2 EL Essig
175 ml Wasser, 2 EL Ahornsirup

Stecken Sie in die Mitte der Äpfel je ein Holzstäbchen. Erhitzen Sie die übrigen Zutaten in einem Topf, bis der Zucker geschmolzen ist. Kochen Sie alles, ohne zu rühren, bis ein in kaltes Wasser getauchter Tropfen der Mischung sich zu einer harten Kugel formt. Tauchen Sie den Topf dann in kaltes Wasser, damit die Mischung nicht weiter kocht. Neigen Sie den Topf ein wenig, tauchen Sie die Äpfel hinein, und lassen Sie sie auf einem eingefetteten Backblech trocknen.
(Foto S. 73: Mitte)

PAPIERTÜTEN ANFERTIGEN

1. Zwölf 30 cm große Papierquadrate zuschneiden und diagonal falzen.
2. Dann die zwei gefalzten Ecken nach innen und die dritte nach oben schlagen.
3. Kleben Sie die drei Ecken dann mit Klebstreifen zusammen.

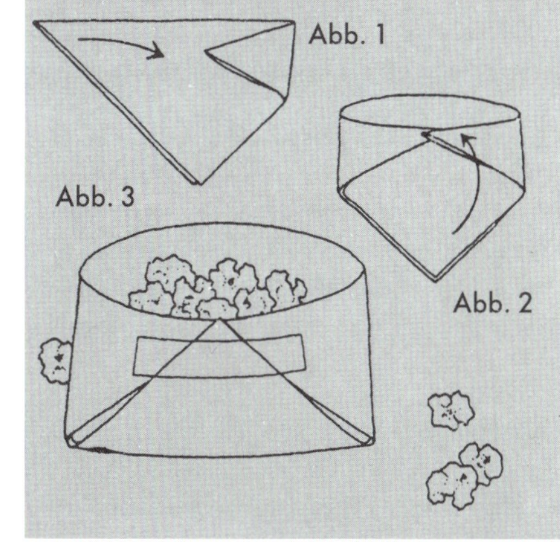

Phantastische Weltreise

Diese Geburtstagsfeier soll die Gäste rund um die Welt führen. Internationales Flair müssen daher nicht nur die Speisen und Getränke haben, sondern auch die Wohnung oder der Garten sollte im multikulturellen Licht erstrahlen. Mit Flaggen und Postkarten aus aller Herren Ländern werden die Wände dekoriert, die Gäste erscheinen in der typischen Tracht eines Landes. Machen Sie die Verkleidungsvorgabe auf den Einladungskarten aber nicht zum Zwang, sonst fühlen sich die Eltern der eingeladenen Kinder unter Druck gesetzt. Während der Party lernen die Kinder Spiele aus allen Kontinenten kennen. Sie reisen nach Großbritannien, nach Skandinavien, ins sonnige Italien, in die USA, nach Afrika – ja sogar bis ins Land der aufgehenden Sonne, nach Japan. Diese Feier werden die Gäste lange Zeit nicht vergessen – und außerdem können sie dabei ihre geographischen Kenntnisse auf spielerische Art und Weise verbessern.

Spiel und Spaß

Zwischen zwei Walliser Stühlen

Legen Sie ein Brett über zwei Stühle, und stellen Sie dann zwei Schuhe auf einen der Stühle. Beim Startschuß setzt sich ein Spieler auf das Brett und legt seine Beine über Kreuz darauf. Er darf sich dabei mit einem Stock auf den Boden stützen. Wenn er das Gleichgewicht gefunden hat, schlägt er den ersten Schuh mit dem Stock in der rechten Hand vom Stuhl und reicht anschließend den Stock unter dem Brett hinduch zur linken Hand, um den zweiten Schuh vom Stuhl zu schlagen. Messen Sie mit der Stoppuhr, wer am schnellsten ist.

Walliser Flaschensitz

Für jedes Kind legen Sie eine leere Flasche und Nadel und Faden auf den Fußboden. Beim Startkommando setzt sich jedes Kind auf eine liegende Flasche, kreuzt die gestreckten Beine so, daß nur eine Ferse den Boden berührt, und nimmt Nadel und Faden zur Hand. Wer im lustigen Flaschensitz zuerst den Faden durch das Nadelöhr gezogen hat, ist der Sieger.

Einladungen aus Briefmarken

★ Übertragen Sie die Konturen der Marke von der Vorlage auf weißen Fotokarton, und schneiden Sie ihn aus. Kleben Sie dann ein Rechteck aus Fotokarton darauf.

★ Die Briefmarken schneiden Sie aus Umschlägen oder Postkarten aus, die Sie an Ihrem Urlaubsort oder zu Hause gesammelt haben, und kleben Sie auf den farbigen Karton.

★ Schreiben Sie auf die Rückseite die Informationen zur Party.

Über diese „riesigen" Einladungskarten werden sich die Gäste besonders freuen

Canada
ILLINOIS

Die Gamsböcke beim Länderspringen

Gamsbockspringen

Wie die Gamsböcke im Gebirge klettern und springen die Kinder über Kartons, Tische, Baumstämme und Bäche.

Malen Sie mit Kreide eine Weltkarte auf, und rufen Sie den „Gamsböcken" zu, in welche Länder sie springen sollen. Sehr lustig sieht es aus, wenn einer mit einem Bein in England steht, mit dem anderen in Schweden, mit einer Hand Frankreich besucht und mit der anderen Deutschland. Wenn Sie im Haus oder im Garten feiern möchten, können Sie die Weltkarte auch auf ein Bettlaken malen. Statt der Weltkarte können auch die Flaggen verschiedener Länder und ihre Ländergrenzen aufgemalt werden. Dabei lernen die Kinder eine Menge.
Dem besten Springer oder Kletterer kann ein Gamsbart angeklebt werden!

Apfelschuß von Wilhelm Tell

Alle Mitspieler stellen sich paarweise zum Apfelschießen auf. Statt Äpfeln nehmen Sie besser leere Joghurtbecher. Wer es zuerst schafft, mit einem weichen Ball (Softball) den Joghurtbecher vom Kopf seines Partners zu „schießen", hat das Spiel gewonnen.

Rotes Gift

Der Fänger streckt einen oder auch beide Arme aus. Die Mitspieler ergreifen jeweils einen seiner Finger, wobei sie möglichst weit von ihm in Startstellung stehen. Nun beginnt der Fänger, eine Geschichte zu erzählen, zum Beispiel:

Gestern fuhr ich nach London. Ich wollte rote Tinte kaufen. Doch der Verkäufer gab mit rotes ...
Wenn er „rotes Gift" sagt, rennen alle blitzschnell weg. Wer gefangen wird, ist der nächste Fänger und Geschichtenerzähler.

TV-Stars

Beim populärsten Ratespiel in Großbritannien stellt sich ein Kind in einigen Metern Entfernung von den anderen auf und ruft ihnen dann die Anfangsbuchstaben eines Stars zu, zum Beispiel MJ für Michael Jackson. Sobald ein Spieler glaubt, den Namen des Stars zu kennen, rennt er zum fragenden Kind hin, rennt wieder zurück und ruft erst dann den Namen aus. Ist er richtig, wechselt das Kind mit dem Fragesteller die Plätze. Hat es falsch geraten, so ist es umsonst gelaufen. Gerade das macht den Spaß aus.

Schottisches Monstergolf

Immer wieder berichten Zeitungen vom Ungeheuer von Loch Ness. Was allerdings die wenigsten wissen: Nessie hat noch zwei Artgenossen, das Blaumonster und das Feuermonster. Aus Langeweile ärgern die drei oft die Golfer, deren Bälle sie im Fluge verschlucken.

Fertigen Sie die Monstergolfkiste, wie im gelben Kasten angegeben.

Aus geeignetem Abstand versuchen nun die Golfer, kleine Bälle mit Schlägern oder Regenschirmen in die Mäuler zu schlagen: Das Blaumonster treffen zählt 10 Punkte, Feuermonster 20 Punkte, und wer Nessies Maul trifft, erhält 50 Punkte. Sie können den Karton auch umdrehen und mit Watteballchen Pustegolf spielen.

Reise um die Welt

Bei dieser gemeinsamen Weltreise unterhalten sich die Kinder, in welche Stadt sie als nächstes fliegen möchten. Doch nicht jede Reiseroute ist erlaubt! Will Jan beispielsweise nach London fliegen, dann kann sich Andrea zwar Nizza als nächstes Ziel wünschen, nicht aber Petersburg. Nach Nizza will Daniel nach Athen. Von dort möchte Karin nach Nürnberg fliegen. Wenn der nächste Mitspieler die Reise nicht mit einem G fortsetzt, also dem letzten Buchstaben des Stadtnamens, muß er einen Pfand abgeben.

Katz und Maus im Labyrinth

Ein Kind wird Katze (Cat), ein anderes Maus (Mouse) und ein drittes Ausrufer (Caller). Die anderen stellen sich nebeneinander in gleich langen Reihen auf, zum Beispiel in drei Dreierreihen. Diese werden zu unüberwindbaren Mauern, weil sich die Kinder anfassen. Der Abstand zwischen den Reihen soll zwei Armlängen betragen. Bei Spielbeginn rennt die Maus die „Gänge" entlang, und die Katze versucht, sie zu erwischen. Die Spielsituation ändert sich schlagartig, wenn der Ausrufer „Dreht euch (Turn)!" ruft. Jeder Spieler macht eine Vierteldrehung nach rechts und reicht demjenigen die Hand, der vorher vor beziehungsweise hinter ihm stand. Die Katze jagt die Maus durch die geänderten Gänge. Gelingt es ihr nicht, die Maus in einer festgelegten Zeit oder nach fünf Drehungen zu fangen, so wird sie zum Ausrufer, und zwei neue Kinder spielen Katz und Maus.

Zur Abwechslung dürfen Katz und Maus „Dreht euch!" rufen.

Sturm auf dem ganzen Meer

Für den Sturm auf dem Meer werden Stühle als Rettungsinseln benötigt, und zwar ein Stuhl weniger als Mitspieler. Die Stühle werden paarweise Rücken an Rücken in eine Reihe gestellt. Zur Musik marschieren die Kinder um die Stühle herum, bis die Musik plötzlich abbricht. Schnell sucht sich jeder einen Platz, denn wer keinen freien Stuhl mehr findet, scheidet aus. Wenn das ausgeschiedene Kind einen Stuhl weggestellt hat, setzt die Musik wieder ein. Die Kinder marschieren bis zum nächsten Musikstop. Das geht immer so weiter, bis nur noch zwei Spieler um einen Stuhl kämpfen. Dieses schwedische Spiel ist bei uns als „Reise nach Jerusalem" bekannt und bereitet allen Kindern immer wieder jede Menge Spaß.

Die gefräßigen Monster wollen mit Bällen gefüttert werden. Ob Nessie satt wird?

Krebsschmaus

Am Ende der Schonzeit für Krebse gibt es im August einen ersten Fangtag, den viele Schweden mit einem großen Krebsschmaus feiern. Natürlich feiern Sie mit und bilden dazu Paare. Während sich jeweils ein Partner mit verbundenen Augen an einen Tisch setzt, stellt sich der andere daneben oder gegenüber auf. Vor den Essern, denen die Augen verbunden sind, stehen Teller mit je fünf kleinen Süßigkeiten (Schokolinsen oder Gummibärchen) und einem Teelöffel. Mit diesem sollen die „Krebse" gefangen und aufgegessen werden. Die Partner dürfen durch Zurufe helfen. Wer ist der schnellste Krebsfänger? In neu gefüllten „Teichen" geht die nächste Mannschaft auf Krebsfang.

Scherzfragen aus aller Welt

- Schweden: Was läuft und läuft und kommt nie zur Tür? (Uhr)
- Schweden: Was ist am Tage voll von Fleisch und Blut und in der Nacht gähnend leer? (Schuh)
- Türkei: Rote Schlange in dunklem Schacht, von bissigen Soldaten gut bewacht. (Zunge)
- USA: Es hat acht Beine, zwei Arme, drei Köpfe und zwei Flügel. (Ein Junge, der mit einem Papagei auf der Schulter auf einem Pferd sitzt)
- Brasilien: Es kommt stehend auf die Welt und läuft liegend davon. (Kanu aus einem Baumstamm)
- Rußland: Welches Kind kommt mit einem Schnurrbart auf die Welt? (Kätzchen)
- Java: Was hat vier Beine nur zum Stehen, nicht zum Gehen? (Stuhl)
- Java: Was geht auf drei Beinen und sieht mit vier Augen? (Alter Mann mit Stock und Brille)
- China: Was ist vor dem Waschen sauberer als nach dem Waschen? (Wasser)
- Indien: Welches Tier kann seinen eigenen Kopf verschlucken? (Schildkröte)

DIE MONSTERGOLFKISTE

★ Übertragen Sie auf weiß gestrichenen Karton die Monsterköpfe von der Vorlage. Schneiden Sie Nessies Augen aus Tonpapier aus, und kleben Sie sie auf.

★ Schneiden Sie mit einem Cutter die Mäuler sorgfältig aus.

★ Malen Sie die Monster bunt an.

Urlaubsscherzfragen

● Wie fangen alle schottischen Kochrezepte an?
(Man leihe sich …)

● Welches Fieber hat jeder gern?
(Reisefieber)

● In welchem Spiegel erkennst du nicht dein Spiegelbild?
(Meeresspiegel)

● Welches kleine Tier trägt jeder Reisende mit sich?
(Persona-laus-weis)

● Welche Pillen hat jeder Urlauber bei sich?
(Pupillen)

● Was haben die Einwohner von Berlin, Prag und Warschau gemeinsam, was die von Bonn, London und Wien nicht haben?
(Ein „r" im Stadtnamen)

● Wo führen die Flüsse kein Wasser?
(Auf der Landkarte)

● Was muß man machen, wenn man in der Wüste einer Schlange begegnet?
(Sich hinten anstellen)

● Wann sagt denn ein Chinese „Guten Morgen"?
(Wenn er deutsch sprechen kann)

● Welche Wiesen sind nicht grün?
(Devisen)

● Welche Mieten steigen stark an?
(Dolomiten)

● Auf welche Schüsse freuen sich die Urlauber?
(Schnappschüsse)

● Was ist eine Bohrinsel?
(Ferienort für Zahnärzte)

● Was steht mitten in Rom?
(Ein „o")

● Wer hat die meisten Reisen um die Erde gemacht?
(Mond)

● In welchen Wellen kann keiner schwimmen?
(Reisewellen)

● Welche Gassen sprechen?
(Monegassen)

Kofferpacken

Das Geburtstagskind beginnt das Spiel mit dem Satz: „Ich packe einen Teddy in den Koffer." Ein Gast fährt fort: „Ich packe den Teddy und die Flossen ein." Ein anderer ergänzt „Ich packe den Teddy, die Flossen und meine Computerspiele ein." Wer beim Einpacken ein vorher genanntes Teil vergißt, gibt ein Pfand ab.

Karneval in Venedig

Mit ihren bunten Masken stürzen sich die Kinder in den Karneval von Venedig. In einer Spaßpolonaise machen sie alles nach, was ihnen das Geburtstagskind vormacht.

Ein besonderes Krebsessen für kleine Leckermäuler

VENEZIANISCHE MASKEN BASTELN

Für den Karneval in Venedig basteln Sie mit den Kindern schöne Masken
★ Übertragen Sie nach der Vorlage die Umrisse auf Fotokarton, und schneiden Sie sie aus.
★ Nehmen Sie für das Heraustrennen der Augen einen Cutter. Verzieren Sie die Masken mit Farbe, Stoff, Glitter oder Federn.
★ Ziehen Sie durch die mit dem Locher gestanzten Löcher ein Gummiband, und verknoten Sie es.

Diese venezianischen Masken lassen sich ganz leicht nachbasteln

Gondeln: Unsere Gondel besteht aus einer großen Decke, auf die sich zuerst das Geburtstagskind legen darf. Die anderen heben die Gondel an den Schmalseiten hoch und schaukeln den Passagier.

Spaghettischlangen: Zum Spaghettischlangenkönig wird gekrönt, wer aus einer Luftschlange, die über einer Leine hängt, die längsten Spaghetti schneiden kann.

Spaghettitanz: Je drei Kinder bilden Spaghetti, indem sie zwischen sich zwei Luftschlangen spannen. Kreuz und quer, drunter und drüber tanzen die Spaghetti, bis die Luftschlangen reißen. Die kürzeren Spaghetti tanzen weiter, wickeln sich auf und wieder ab.

Spaghettiwettessen: Wer im Karneval von Venedig eine kleine Zwischenmahlzeit wünscht, muß mit Überraschungen rechnen. Die Spaghetti werden ohne Gabel serviert, und die Finger dürfen auch nicht helfen. Wer ißt seine Portion am schnellsten auf?

Erdkugelspiel

Als Kolumbus beweisen wollte, daß die Erde eine Kugel ist, hat er Amerika entdeckt. So spielen wir ein spannendes Erdkugelspiel. Dazu bauen wir aus Flaschen, Stöcken, Fahnen und weiteren Markierungen einen Milchstraßenslalom auf. Mit einem Stock wird eine Erdkugel oder ein Ball nun so schnell wie möglich die Milchstraße entlang durchs All gelenkt.

Rinderfang

Cowboys fangen Rinder geschickt mit Lassos ein. Unsere Amerikabesucher spielen Rinderfang, indem sie Ringe auf Flaschen werfen.

Nilwasserstaffel

Ein Eimer voll „Nilwasser" und zwei Becher markieren den Start. Am Ende einer zehn Meter langen Strecke stehen zwei kleine Eimer. Die beiden Staffelläufer tragen jeweils einen Becher Wasser auf dem Kopf ins Ziel, leeren ihn aus und rennen zurück. Wessen Eimer ist zuerst voll?

Afrikanische Schnurbrücke

Für dieses einfache, aber sehr witzige Spiel stellen sich die Kinder zu zweit hintereinander an einer Startlinie auf. Die Partner verbinden sich mit einer ca. 80 cm langen Schnur, die sie sich zwischen die Knie klemmen. Beim Startschuß laufen sie los. Stürzt die Schnurbrücke ein, müssen die Brükkenbauer zum Start zurück.

Stampf-Tamtam

Haben Sie schon einmal auf Fotos gesehen, wie afrikanische Kinder Hirse in ausgehöhlten Baumstämmen stampfen? Legen Sie in zwei Eimer je zehn Knallerbsen oder andere kleine Kügelchen. Zwei Kinder stellen sich mit einem Stock vor die Eimer. Wer hat die Kugeln zuerst zerstampft?

Japanische Kissenschlacht

Anders als bei der Kissenschlacht, die bei uns in manchen Kinderbetten vor dem Einschlafen stattfindet, sitzen Kinder auf Kyushu auf einem Bambusrohr und versuchen, mit einem Kissen oder einem Strohsack ihren Gegner von einem Rohr zu schlagen, das zwischen zwei Stühle aufgebockt wird. Der Verlierer fällt auf eine weiche Unterlage. Ein tolles Spiel!

Reiseproviant

Drachenpizza

Ergibt 4 Stück
Für den Teig:
400 g Roggenvollkornmehl (fein)
40 g Hefe
etwa 350 ml lauwarmes Wasser
125 ml Öl
1 Ei
1 TL Salz
Für den Belag:
1 Eigelb
2 Zwiebeln
1 TL Olivenöl
600 g Tomaten
2 TL gehackter Oregano
1 TL Salz
Pfeffer
200 g Mozzarella
je 1 Stück gelbe und grüne Paprikaschote
½ Bund glatte Petersilie

Drücken Sie in das Roggenvollkornmehl eine Mulde. Lösen Sie die Hefe in 5 Eßlöffel Wasser auf, gießen Sie sie in die Mulde, und verrühren Sie sie mit etwas Mehl vom Rand zu einem Vorteig. An einem warmen Ort 30 Minuten gehen lassen.
Mischen Sie das restliche Wasser, das Öl, Ei und Salz unter. Kneten Sie den Teig mindestens 10 Minuten kräftig durch. An einem warmen Ort 1 ½ Stunden gehen lassen. Halbieren Sie den Teig, rollen Sie ihn auf einer bemehlten Fläche fingerdick aus, und legen Sie ihn dann auf ein gefettetes und mit Mehl bestäubtes Blech. Den Teig mehrmals mit der Gabel einstechen und weitere 10 Minuten gehen lassen.
Aus dem ausgerollten Pizzateig mit einem Teigrädchen 4 Drachen schneiden. Formen Sie aus den Teigresten Drachenschwänze und Fliegen. Befestigen Sie die Schwänze mit Eigelb an der unteren Drachenspitze. Kleben Sie die Fliegen auf die Schwänze.
Schälen Sie die Zwiebeln, würfeln Sie sie, und dünsten Sie sie in dem Öl glasig.
Die Tomaten waschen, einmal einritzen und kurz in kochendes Wasser geben. Abschrecken und die Haut abziehen. Dann würfeln.
Mischen Sie die Tomaten mit den Zwiebeln, dem Oregano, Salz und Pfeffer. Auf den Pizzateig streichen.

Schneiden Sie den Mozzarella in Scheiben, den Paprika in Streifen. Legen Sie daraus auf den Pizzas Gesichter.
Die Pizza im vorgeheizten Backofen bei 180 °C (Gas Stufe 2) etwa 25 Minuten backen. Waschen Sie die Petersilie, und hacken Sie sie, bis auf ein paar Blätter. Bestreuen Sie die Pizza nach dem Backen damit. Verwenden Sie die Blätter als „Schnurrbart" und „Augenbrauen".
(Foto S. 80)

Leckere Flugzeug- und Fesselballon-Tischkarten

Für den Teig:
500 g Mehl
250 g Margarine
2 kleine Eier
2 Eigelb
125 g Zucker
2 Päckchen Vanillinzucker
Für den Zuckerguß:
2 Eiweiß
400 g Puderzucker
Lebensmittelfarben

Stellen Sie aus den Teigzutaten einen Mürbeteig her, und lagern Sie ihn 30 Minuten kühl. Fertigen Sie Schablonen für ein Flugzeug und einen Fesselballon an (siehe Vorlagebogen). Rollen Sie den Teig 5–10 mm dick aus, schneiden Sie mit den Schablonen Flugkörper aus, und legen Sie sie auf ein mit Backpapier ausgelegtes Backblech. Bei 200 °C (Gas Stufe 3) etwa 15 Minuten backen. Zum Abkühlen auf ein Kuchengitter legen.
Schlagen Sie die Eiweiße steif, mischen Sie sie mit Puderzucker, und färben Sie ihn mit Lebensmittelfarbe. Verzieren Sie mit dem Zuckerguß die Flugkörper beliebig. Bringen Sie die Schriften zum Schluß mit einer Spritztülle an.
(Foto S. 80/81)

Tiramisu

Ergibt 4 Stück
400 g Frischkäse
2 Eigelb
2–3 EL Honig
Saft von 1 Zitrone
evtl. etwas Milch
12 Stück Vollkornzwieback
½ Tasse kalter Malzkaffee
½ EL Kakao

Rühren Sie den Frischkäse mit den Eigelben, dem Honig und dem Zitronensaft cremig. Fügen Sie je nach Konsistenz etwas Milch hinzu.

Legen Sie eine Auflaufform mit der Hälfte des Zwiebacks aus. Mit etwas Kaffee beträufeln. Stäuben Sie etwas Kakao im Sieb darüber.
Verteilen Sie die Hälfte der Creme darauf. Mit etwas Kakao bestäuben. Legen Sie auf die Creme den restlichen Zwieback, beträufeln Sie ihn mit Kaffee, und bestäuben Sie ihn mit Kakao. Streichen Sie zum Schluß den Rest Creme darauf, und streuen Sie nochmals Kakao darüber.
Dann mindestens 4 Stunden im Kühlschrank durchziehen lassen.
(Foto S. 82: unten)

Neuseeländische Apfelspeise

Ergibt 12 Portionen
225 g Sonnenblumenkerne
225 g Hafervollkornflocken
225 g Haselnußblättchen
2,4 kg Äpfel
6 Kiwi
Saft von 3 Zitronen
9 EL Honig
750 g Schlagsahne
1 ½ TL gemahlener Zimt

Rösten Sie die Sonnenblumenkerne, die Hafervollkornflocken und die Haselnußblättchen in einer Pfanne goldbraun.
Waschen und entkernen Sie die Äpfel, und schneiden Sie sie mit Schale in Stücke. Schälen Sie die Kiwi, und schneiden Sie sie ebenfalls in Stücke. Mischen Sie die Früchte. Verrühren Sie den Zitronensaft mit 6 Eßlöffeln Honig, und ziehen Sie es unter die Früchte.
Schlagen Sie die Sahne auf. Rühren Sie den restlichen Honig unter. Steif schlagen und mit Zimt würzen.
Geben Sie die Früchte in eine Schüssel. Verteilen Sie dann die Sahne und die Körner-Nuß-Mischung darüber.
(Foto S. 82: oben)

Haselnußklößchen in Orangenschaum

Ergibt 16 Portionen
Für die Klößchen:
240 g Butter, 8 EL Honig
8 Eier, 20 Vollkornzwiebäcke
4 Tassen gemahlene Haselnüsse
½ TL Zimtpulver, ½ TL gemahlene Nelken
Für die Sauce:
12 Eigelb, 3 TL Ahornsirup
2 Vanilleschoten, 500 ml Orangensaft
4 EL gehackte Pistazien

Schlagen Sie die Butter mit dem Honig und den Eiern schaumig. Zerbröseln Sie die Zwiebäcke. Geben Sie die Brösel, die Haselnüsse, Zimt- und Nelkenpulver zur Eiermischung, und rühren Sie alles glatt.
Schlagen Sie die Eigelbe mit dem Ahornsirup, dem herausgeschabten Vanillemark und dem Orangensaft in einer Schüssel im heißen Wasserbad zu einer schaumigen Masse. Von der Haselnußmasse kleine Klößchen abstechen, mit Orangenschaum und den Pistazien anrichten.
(Foto S. 83: links)

Kalifornische Fruchtcreme

Ergibt 12 Portionen
9 Pfirsiche (1 200 g)
6 TL Zitronensaft
6 EL Apfeldicksaft
750 g Dickmilch, 300 g Sahne
150 g Himbeeren
6 TL gehackte Haselnüsse
3 Zweige Zitronenmelisse

Überbrühen Sie die Pfirsiche, schrekken Sie sie ab, und enthäuten Sie sie. Dann vierteln und entkernen und mit Zitronensaft beträufeln. Schneiden Sie 24 Scheiben ab, und legen Sie sie zum Garnieren beiseite. Pürieren Sie die restlichen Pfirsiche zusammen mit dem Dicksaft im Mixer.
Verrühren Sie die Dickmilch mit dem Pfirsichpüree. Schlagen Sie die Sahne steif, und heben Sie sie darunter. Füllen Sie die Creme in 12 Glasschälchen. Verlesen und waschen Sie die Himbeeren.
Garnieren Sie die Creme mit Pfirsichscheiben, Nüssen, Zitronenmelisseblättchen und Himbeeren.
(Foto S. 83: rechts)

„Zauberhaftes" Hexenfest

Für diese Party sollten sich die Kinder unbedingt verkleiden! Aus alten Tüchern, schwarzen Kleidungsstücken, Zeichenkarton und ähnlichem lassen sich tolle Kostüme herstellen. Natürlich spielt auch die Gesichtsbemalung eine wichtige Rolle!

Schließen Sie die Vorhänge, damit es in allen Räumen dunkel ist. Dekorieren Sie das Haus mit Luftschlangen und aus Pfeifenreinigern hergestellten Spinnen, schneiden Sie aus Zeichenkarton Fledermäuse und andere schaurige Formen aus, und verteilen Sie sie in den Zimmern.

Die Einladungskarten müssen natürlich auch gruselig aussehen! Schreiben Sie mit einem silbernen oder fluoreszierenden Stift auf einen schwarzen Zeichenkarton. Wenn Sie möchten, können Sie aus dem Karton dann die Form einer Fledermaus oder einer schwarzen Katze ausschneiden.

Spiel und Spaß

Apfelessen

Füllen Sie eine Schüssel halbvoll mit Wasser, und lassen Sie einige Äpfel auf der Oberfläche schwimmen. Die Kinder müssen nun nacheinander versuchen, mit den Zähnen einen Apfel zu erwischen und ihn zu essen, wobei sie die Hände auf dem Rücken halten müssen. Oder befestigen Sie die Äpfel an Schnüren, und lassen Sie sie von der Wäscheleine herabhängen.

Hexen und Zauberer

Für dieses Spiel braucht jedes Kind ein Blatt Papier und einen Bleistift. Fordern Sie die Kinder auf, oben auf die Seite das Gesicht einer Hexe oder eines Zauberers zu zeichnen und das Blatt dann so zu falten, daß die Zeichnung nicht mehr zu sehen ist. Der untere Teil des Halses muß jedoch noch zu sehen sein, damit der nächste Zeichner weiß, von wo ab er die Figur bis zur Taille weiterzeichnen soll. Der dritte Spieler zeichnet die Figur bis zu den Knien, der vierte bis zu den Füßen, wobei jeder das Blatt wie oben beschrieben zusammenfaltet, wenn er seinen Teil der Zeichnung fertiggestellt hat. Das Blatt wird an den fünften Spieler weitergereicht, der es dann auseinanderfaltet.

Herstellung eines Hexenhuts

★ Schneiden Sie ein 65 cm großes Quadrat aus schwarzem Zeichenkarton aus. Befestigen Sie an einer Ecke mit Hilfe einer Reißzwecke eine 65 cm lange Schnur. Spannen Sie die Schnur dann bis zur benachbarten Ecke, befestigen Sie einen Stift daran, und zeichnen Sie einen Viertelkreis auf den Karton. Schneiden Sie die neue Form aus. Nehmen Sie die beiden geraden Kanten, und fügen Sie sie so zusammen, daß sie etwas überlappen. Kleben Sie sie dann zusammen.

★ Krempe: Stellen Sie den Kegel auf ein Stück Zeichenkarton, und markieren Sie seine Grundlinie. Zeichnen Sie dann 2,5 cm innerhalb und 5 cm außerhalb der Grundlinie jeweils einen Kreis. Schneiden Sie den kleinsten Kreis heraus, und bringen Sie an der inneren Kante kleine Einschnitte im Abstand von jeweils 1 cm an, die bis an die Grundlinie reichen. Biegen Sie die Laschen nach oben, stecken Sie den Kegel darüber, und kleben Sie die Laschen von innen an den Kegel.

★ Schneiden Sie aus gelbem Filz Augen aus.

Ihre Kinder haben bestimmt viel Spaß daran, sich gespenstisch zu verkleiden und sich wie die kleinen Monster zu benehmen, die sie auch sonst manchmal sind!

Basteln Sie Hüte und Kopfschmuck, indem Sie dünnen Karton in Form schneiden und mit Farbe oder Stiften bemalen. Bitten Sie ältere Kinder, einen selbstgemachten Hut mitzubringen

Personenraten
Schneiden Sie aus Zeitschriften und Zeitungen Körperteile von berühmten Leuten aus, zum Beispiel deren Haare, Mund und Augen, und kleben Sie sie kunterbunt durcheinander auf ein Brett oder ein Stück Zeichenkarton. Die Kinder sollen nun so viele Personen wie möglich identifizieren. Derjenige, der die meisten Personen erkennt, hat das Spiel gewonnen.

Federn in der Luft
Die Kinder sitzen in einem großen Kreis. Im Kreis befindet sich ein großes Tuch, das die Kinder bis an ihr Kinn hochhalten sollen, wo es während des ganzen Spiels bleibt. Legen Sie dann eine Feder in die Mitte des Tuchs. Jedes Kind versucht nun, so nach der Feder zu blasen, daß sie nicht hinter ihm auf den Boden fällt, sondern hinter einem der Mitspieler.

Verhextes Zauberessen

Gespensterkuchen

500 g weiche Margarine
500 g Zucker
8 Eier
500 g Mehl
1 Päckchen Backpulver
Für die Füllung:
250 g weiche Margarine
250 g Puderzucker
Zum Dekorieren:
Runde Kuchenplatte (Durchmesser: 30 cm)
6 Packungen à 250 g fertige Zuckerglasur
verschiedene farbige Süßigkeiten
Rote, blaue und schwarze Lebensmittelfarbe
Stärkemehl zum Bestäuben

Nehmen Sie eine Souffléform (Inhalt: 1,25 l), eine große Puddingform (Inhalt: 1 l) und eine kleine Puddingform (Inhalt: 500 ml). Fetten Sie die Formen ein, und legen Sie die Böden mit Backpapier aus. Schlagen Sie die Margarine und den Zucker, bis eine lockere Mischung entsteht. Schlagen Sie die Eier, und heben Sie sie nach und nach unter die Crememischung. Rühren Sie das Mehl darunter, und verteilen Sie die Masse dann auf die drei Formen. Glätten Sie die Oberflächen, und geben Sie die Formen in einen auf 160 °C (Gas Stufe 1) vorgeheizten Backofen. Backen Sie den Kuchen in der kleinen Puddingform 40–45 Minuten, den Kuchen in der großen Puddingform 1 1/4–1 1/2 Stunden und den Kuchen in der Souffléform 1 1/4 Stunden. Stürzen Sie die Kuchen dann zum Abkühlen auf ein Kuchengitter. Verrühren Sie die Zutaten für die Füllung. Schneiden Sie die Kuchen jeweils in zwei Hälften, und schichten Sie sie mit etwas Füllung dazwischen aufeinander. Legen Sie die Kuchen auf der Kuchenplatte aufeinander (Abb. 1), und schneiden Sie vorne ein Stück heraus. Überziehen Sie die Kuchen dann mit dem Rest der Füllung. Färben Sie 175 g der fertigen Zucker-

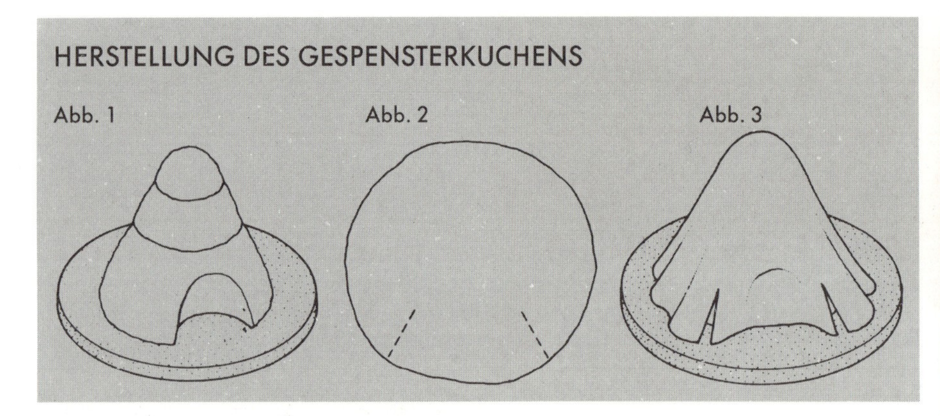

glasur rosa, und formen Sie daraus die Hände und Füße. Lassen Sie die Farben trocknen. Färben Sie dann 125 g der Glasur blau. Bestäuben Sie sie mit Stärkemehl, und rollen Sie sie zu einem 20 x 7,5 cm großen Rechteck aus. Bringen Sie es vorne am Kuchen als Tasche für die Süßigkeiten an. Kannelieren Sie den oberen Rand, indem Sie den Zuckerguß etwas eindrücken, und fügen Sie Hände und Füße hinzu.

Rollen Sie 1,2 kg der Zuckerglasur zu einem 56 cm großen Kreis aus, und schneiden Sie vorne zwei Schlitze für die Arme hinein (Abb. 2). Überziehen Sie den Kuchen mit der Zuckerglasur, wobei Sie auch Falten modellieren (Abb. 3). Rollen Sie noch etwas weiße Zuckerglasur zu zwei 7,5 cm langen Würsten aus, und wickeln Sie sie als „Manschetten" um die „Handgelenke". Schneiden Sie zwei kleine Kreise für die Iris aus, und färben Sie den Rest der Zuckerglasur schwarz. Schneiden Sie für die Augen zwei Ovale und für die Augenbrauen zwei kleine Mondsicheln aus. Rollen Sie etwas Zuckerglasur zu einer langen Wurst zusammen, und modellieren Sie daraus einen Mund. Kleben Sie alle Gesichtsteile mit etwas Wasser auf dem Gesicht fest, und füllen Sie zum Schluß die Tasche mit den Süßigkeiten.

(Foto S. 87)

Gespensterpizza

Ergibt 12 Portionen

350 g Backmischung für Brotteig
375 g Tomaten aus der Dose
2 EL Tomatenketchup
½ Bund kleingeschnittene Frühlingszwiebeln
175 g klein geschnittener Schinken
227 g Ananasstücke aus der Dose (ohne Saft)
150 g geriebener Käse

Fledermausdip mit Marshmallowspießchen

Ergibt 24 Portionen
200 g Vollmilchschokolade
25 g Butter, 1 EL Ahornsirup
6 EL Crème double
1 große Orange in Schnitzen
4 geschälte und in große Stücke geschnittene Bananen
1 kleine Dose Ananasstücke
220 g Marshmallows
24 Schaschlikspieße

Schmelzen Sie die Schokolade, die Butter, den Sirup und 5 Eßlöffel Crème double in einer Schüssel über einem Topf mit heißem, aber nicht kochendem Wasser. Schneiden Sie die Orangenschnitze in zwei Hälften. Stekken Sie jeweils ein Stück Orange, Banane, Ananas und Marshmallow auf die 24 Spieße.
Füllen Sie die Schokoladenmischung in eine Schüssel, und geben Sie die restliche Crème double auf die Oberfläche. Bringen Sie die Crème mit Hilfe eines Zahnstochers in die Form einer Fledermaus.
(Foto S. 88/89)

Bereiten Sie die Brotmischung anhand der Angaben auf der Packung zu. Kneten Sie den Teig auf einer leicht mit Mehl bestäubten Arbeitsfläche, bis er glatt und weich ist. Rollen Sie ihn zu einem 25 cm großen Kreis aus, und legen Sie ihn auf ein eingefettetes Backblech. Stechen Sie den Teig mit einer Gabel mehrmals ein. Backen Sie ihn dann 10 Minuten im auf 220 °C (Gas Stufe 4) vorgeheizten Backofen.
Geben Sie die Tomaten und das Ketchup in einen Topf, und lassen Sie die Mischung 10 Minuten köcheln, bis sie eingedickt ist. Verteilen Sie sie auf dem fertigen Pizzaboden.
Belegen Sie die Pizza mit den Zwiebeln, dem Schinken und den Ananasstücken. Streuen Sie den geriebenen Käse darüber, und backen Sie die Pizza für weitere 10–15 Minuten.
(Foto S. 88 unten)

Grabsteinsandwiches

Ergibt 12 Sandwiches
1 Vollkornbrot in dünnen Scheiben
50 g Butter, 8 EL Erdnußbutter
250 g geriebener Käse, 2 Schalen Kresse

Entfernen Sie die Brotkruste, und runden Sie die obere Hälfte der Brotscheiben mit Hilfe eines Messers und einer Tasse so ab, daß die Scheiben wie Grabsteine aussehen.
Bestreichen Sie die eine Hälfte der Brotscheiben mit Butter, die andere Hälfte mit Erdnußbutter.
Bestreuen Sie die gebutterten Brotscheiben mit dem Käse, und legen Sie dann je eine Scheibe mit der Erdnußbutter darauf. Verteilen Sie die Grabsteinsandwiches auf einem Teller mit Kresse.
(Foto S. 89 unten)

Stock-und-Stein-Salat

Ergibt mindestens 12 Portionen
je 1 kleine rote, grüne und gelbe Paprika
½ Gurke, 5 Stangen Sellerie
200 g rote Bohnen aus der Dose
200 g Gemüsemais (ohne Flüssigkeit)
3 EL gehackte Petersilie
75 ml Sonnenblumenöl
3 EL weißer Weinessig
½ EL Zucker, Salz und Pfeffer

Entfernen Sie die Paprikakerne. Schneiden Sie alle Gemüse in 5 cm lange Streifen, und geben Sie sie in eine Schüssel. Gießen Sie die Bohnen ab, und geben Sie sie mit dem Mais und der Petersilie in die Schüssel. Mischen Sie das Öl mit dem Essig, dem Zucker, Salz und Pfeffer, geben Sie die Sauce über den Salat, und mischen Sie ihn gründlich.
(Foto S. 90/91: rechts oben)

Alte Hühnerknochen

Ergibt 12 Portionen
12 Hühnerschenkel, 3 EL Sojasauce
3 EL Honig, 2 EL Öl

Enthäuten Sie die Hühnerschenkel. Füllen Sie die übrigen Zutaten in einen kleinen Topf, und erwärmen Sie sie leicht. Legen Sie das Fleisch in eine Bratenform, und bestreichen Sie es mit der warmen Glasur. Backen Sie es 30 Minuten im auf 200 °C (Gas Stufe 3) vorgeheizten Backofen, bis es goldbraun ist. Anschließend warm oder kalt servieren.
(Foto S. 90/91: Mitte)

Hexenkekse

Ergibt etwa 20 Stück
250 g Mehl, 175 g Butter
50 g Zucker, 150 g Puderzucker
25 g fertige Zuckerglasur
grüne, rote und gelbe Lebensmittelfarbe
3 schwarze und weiße Lakritzstücke
3 Lakritzschnecken

Sieben Sie das Mehl auf eine Arbeitsfläche, geben Sie die Butter in Stückchen dazu, und hacken Sie alles mit dem Pfannenmesser durch, bis die

Mischung feinen Brotkrumen gleicht. Fügen Sie den Zucker hinzu. Kneten Sie leicht, bis ein weicher Teig entsteht.
Dritteln Sie den Teig, und rollen Sie jedes Drittel zu einem 20 cm großen Kreis aus. Legen Sie die Kreise auf ein gefettetes Backblech, und markieren Sie auf jedem Kreis sechs Dreiecke. Stellen Sie den Teig 15 Minuten kühl. Backen Sie die Kreise 15–20 Minuten in einen auf 200 °C (Gas Stufe 3) vorgeheizten Backofen. Schneiden Sie aus den Kreisen die markierten Dreiecke zu, während sie noch warm sind. Lassen Sie sie auf einem Kuchengitter abkühlen.
Sieben Sie den Puderzucker, und mischen Sie ihn mit Wasser, bis eine dicke Paste entsteht. Färben Sie die Masse bis auf 1 Eßlöffel grün. Färben Sie die fertige Zuckerglasur grün. Formen Sie daraus zwölf „Nasen", und legen Sie sie beiseite. Bestreichen Sie die untere Hälfte der Kekse mit grünem Zuckerguß, und setzen Sie die „Nase" an ihre Stelle. Schneiden Sie die Lakritzstücke in vier Teile, und verwenden Sie sie als „Augen". Schneiden Sie aus den Lakritzschnecken Dreiecke zu, und machen Sie daraus Hüte.
Färben Sie den beiseite gestellten Zuckerguß rot, und verteilen Sie ihn dann anschließend als Mund auf den Keksen.
(Foto S. 90/91: links unten)

Totenfinger

Ergibt mindestens 12 Portionen
250 g Mehl
125 g Margarine
125 g geriebener Käse
6 EL Milch
125 ml Tomatenketchup
Salz und Pfeffer

Sieben Sie das Mehl auf eine Arbeitsfläche, geben Sie die Butter in Stükken dazu, und hacken Sie alles mit dem Pfannenmesser durch, bis eine Mischung entsteht, die feinen Brotkrumen gleicht. Würzen Sie gut, und streuen Sie zwei Drittel des Käses darüber.
Drücken Sie in die Mitte eine Vertiefung, und rühren Sie 5 Eßlöffel der Milch hinein. Kneten Sie die Mischung mit den Fingern, bis ein weicher, aber nicht klebriger Teig entsteht. Kneten Sie ihn noch einmal leicht auf einer mit Mehl bestäubten Arbeitsfläche, und rollen Sie ihn dann dünn aus. Bestreichen Sie den Teig leicht mit der restlichen Milch, und streuen Sie den restlichen Käse darüber. Schneiden Sie dann den Teig mit einem scharfen Messer vorsichtig in etwa 1 cm breite Stäbchen.
Legen Sie die Stäbchen auf ein gefettetes Backblech, und backen Sie sie 10–12 Minuten im auf 200 °C (Gas Stufe 3) vorgeheizten Backofen, bis die Stäbchen eine goldbraune Färbung angenommen haben. Lassen Sie sie auf einem Kuchengitter abkühlen. Servieren Sie sie mit dem Tomatenketchup als Sauce.
(Foto S. 90/91 Mitte links)

Lustige Kinderolympiade

Diese Olympiade wird zum Geburtstagshit, egal ob Sie sie in der Wohnung, im Garten oder auf dem Sportplatz feiern. Eröffnungsfeier im „Olympiastadion", Wettbüro, sportlichspaßige Wettkämpfe, Werbeverträge und lustige Spiele im Rahmenprogramm garantieren allen Teilnehmern, die sich durch besondere Leistungen im Nettsein für die Olympiade qualifiziert haben, ein unvergeßliches Erlebnis. Für die musikalische Untermalung nehmen Sie Nationalhymnen, flotte Marschmusik und Volkstanzmusik auf Kassette auf. Aus roten und weißen Stoffresten entstehen Flaggen für gültige und ungültige Versuche. Bemalen Sie auch eine große weiße Fahne mit den olympischen Ringen.

Eine Goldmedaille aus Holz ist schnell gebastelt und eine bleibende Erinnerung für jeden Teilnehmer

Bauen Sie alle Spielstationen im Hause oder im Freien auf, und hängen Sie an einige Rekordlisten zum Eintragen auf.

Bauen Sie aus verkleideten Getränkekästen Siegerpodeste. Auf runden Bierdeckeln entstehen schnell Goldmedaillen, wenn Sie eine Seite mit Goldfolie bekleben, mit olympischen Ringen bemalen und eine Kordel daran befestigen. Auf die Rückseite kleben Sie Tonpapier und schreiben rund um den Rand: „Olympischer Geburtstagswettkampf" mit Datum und setzen in die Mitte: 1., 2., 3., ... Sieger". Holzmedaillen können Sie aus einer Sperrholzplatte aussägen. Statt Medaillen können Sie aber auch Ehrenurkunden bei der Siegerehrung aushändigen. Alle vorgestellten Spiele dienen lediglich als Anregung.

Bestimmt fallen Ihnen noch viel mehr originelle Sportspiele ein, die Sie mit den Kindern ausführen können. Viele Spiele müssen vielleicht außerdem den örtlichen Begebenheiten angepaßt werden. Auch die Anzahl der Spiele bleibt Ihnen überlassen – beachten Sie bei der Planung aber, daß sie Ihren zeitlichen Rahmen nicht sprengen.

Spiel und Spaß

Gewichtskontrollspiel

Bei der Ankunft wird jeder Sportler gewogen und gemessen, ohne daß die anderen die Ergebnisse sehen können. Dann gibt jeder einen Tippzettel ab:

Gesamtgewicht aller Sportler: ... kg

Gesamtgröße aller Sportler: ... m

Wer kommt den wirklichen Summen am nächsten? Die Auswertung erfolgt nach Platzziffern.

Der Sportlerausweis

Laden Sie Ihre Gäste mit einem tollen Sportlerausweis ein, der ihnen bei der Olympiade Zutritt zu allen Wettkampfstätten verschafft und in den auch alle Ergebnisse eingetragen werden.

★ Falten Sie das weiße Tonpapier (22 x 16 cm) zu einer Doppelkarte.

★ Malen Sie auf das Deckblatt zum Beispiel einen Supersportler, der auf dem Siegerpodest mit den fünf olympischen Ringen jongliert.

★ Schreiben Sie auf die linke Innenseite den Namen, das Geburtsdatum und die Nationalität Ihres Gastes. Lassen Sie auch Platz für ein Foto oder eine Zeichnung des Teilnehmers, für die Ergebnisse und für das Resultat des Wett-Wettbewerbs. Dann folgt die Unterschrift des Kampfrichters mit Stempel.

★ Auf die Rückseite des Ausweises schreibt das Geburtstagskind seinen Einladungstext:

Liebe Anna!

Zu meiner Kinderolympiade hast Du Dich durch besondere Leistungen im Nettsein qualifiziert. Daher bist Du bei allen Wettbewerben am 7. Juli von 14–20 Uhr startberechtigt. Wenn Du bei der Eröffnungsfeier Fahnenträgerin sein möchtest, bringe bitte eine Fahne für Dein Startland mit! Setze Dein Gutelaunetraining intensiv fort, so daß Du am 7. Juli in Höchstform bist! Auf Dein Kommen freut sich Deine Petra

2
1
3

Beim Brettfechten kommt jeder einmal an die Reihe

Olympischer Fackellauf
Zwei oder mehr Viererstaffeln werden gebildet. Die Startläufer bekommen je eine brennende Kerze (Vorsicht!), laufen eine Runde durch ein improvisiertes „Olympiastadion" und übergeben die Kerze den nächsten Läufern. Welcher Schlußläufer erreicht zuerst die Olympiakerze (in eine Schale stellen) und entzündet feierlich die olympische Flamme?

Wer ist der stärkste?
Wer seinen Luftballon als erster durch Aufblasen zum Platzen bringen kann, darf als Stärkster bei der Eröffnungsfeier mit der Olympiafahne die Polonaise anführen.

Eröffnungsfeier
Zu flotter Musik marschieren die Sportler im Olympiastadion ein. Eine Spaßpolonaise über Tische und Stühle im Haus oder eine „echte" Polonaise im Freien sorgen für Hochstimmung. Etwas Akrobatik und Folklore dürfen nicht fehlen. Das Geburtstagskind verspricht im olympischen Gelöbnis, daß alle Teilnehmer die Regeln achten und fröhlich und fair kämpfen werden.

Wett- und Tippbüro
Bei Ihrer Olympiade wird es einen Wettolympiasieger geben. Vor Wettbewerben, die mit einer klaren Rangfolge enden, schließen alle Teilnehmer Wetten auf den Ablauf ab. Sie schreiben ihre Tips zur Plazierung jedes Teilnehmers auf kleine Zettel und werfen sie in einen Behälter. Für jeden richtigen Tip gibt es die richtige Platzziffer als Punktzahl. Wer bei allen Wetten zusammen die meisten Punkte erreicht hat, ist Wettolympiasieger.

Brettfechten
Vor jedem Fechter steht ein Brett. Wenn das Brett des Gegners umfällt, gibt es einen Punkt. Das Spiel läßt sich auch mit mehreren Brettern pro Fechter ausführen.

Hochsprung-Leckerbissen
Durch die Wohnung oder auch im Freien spannen Sie in verschiedenen Höhen Leinen und hängen Keksringe, Negerküsse, Kirschen, geschälte Bananen oder Würstchen daran. Der Hochsprung zu den Leckereien kann beginnen.

Turnschuhkette
Zwei Mannschaften sitzen sich gegenüber. Welche Gruppe bindet mit den eigenen Turnschuhen in zwei Minuten die längste Turnschuhkette?

Brettbeinstoßen
Ein Sportler legt sich auf den Rücken, hebt die Beine und legt sich ein Brett auf die Fußsohlen. Mit einem kräftigen Ruck stößt er das Brett weg. Wer schafft mit drei Versuchen den weitesten Stoß?

Sockelfechten
Etwa 1,50 m voneinander entfernt stehen die Fechter auf zwei Eimern. Sie versuchen, sich gegenseitig mit Stöcken, die an einem Ende mit Kissen oder Schaumstoff gepolstert sind, vom Sockel zu stoßen.

Speerwerfen verkehrt
Die Speerwerfer schleudern ihre Stöcke so weit wie möglich über die Schulter nach hinten, oder sie versuchen, in einen markierten Kreis zu treffen, der ebenfalls hinter ihnen liegt.

Lachsackwettrollen
Zwei bis drei Kinder kriechen am Start einer Rennstrecke gemeinsam in einen Sack (aus alten Bettbezügen nähen!) und legen sich so auf den Boden, daß sie seitlich zum Ziel rollen können. Sobald der Sack zugebunden ist, erfolgt der Startschuß. Hoffentlich verlieren die „Insassen" nicht vor lauter Lachen die Orientierung!

Als Umzieh- und Aufwärmsack nach dem Schwimmen findet der Lachsack auch noch ganz praktische Verwendung.

Gewichtheben
Unsere Schwergewichtler befördern allein oder zu zweit einen großen Ball auf zwei Stöcken oder zwei Besenstielen über eine Rennstrecke, die mit Hindernissen erschwert werden kann.

Die Federgewichtler tragen auf der Nase eine Stange mit zwei angeklebten aufgeblasenen Luftballons über eine kurze Strecke.

Olympiaquiz
1. Welche Mannschaft marschiert bei der Eröffnungsfeier als erste ein?
( ) Gastgeberland
( ) Griechenland
2. Bei welcher Olympiade wurden die Mannschaften von Damen in Schneekugeln angeführt?
( ) Albertville '92
( ) Barcelona '92
3. Welche olympische Eröffnungsfeier wurde von einem fliegenden Menschen eröffnet?
( ) München 1972
( ) Los Angeles 1984
4. Gibt es eine allgemeine Altersgrenze für die Teilnahme?
( ) ja
( ) nein
5. Wie viele Läufer nehmen am 100-m-Endlauf der Herren teil?
( ) 6
( ) 8
6. Welche Höhe haben die Hindernisse beim 110-m-Hürdenlauf der Männer?
( ) höher als 1 m
( ) niedriger als 1 m
7. Wieviel Rückenwind ist beim Weitsprung für die Anerkennung als Weltrekord höchstens zulässig?
( ) 2 m/sec
( ) 3 m/sec

Wer lacht am meisten: die Zuschauer oder die Mitspieler in den Lachsäcken?

8. Wie viele Schritte braucht Carl Lewis im 100-m-Lauf?
( ) ca. 42
( ) ca. 50

9. Bei welcher Reaktionszeit „schießt" der Computer das gestartete Feld zurück?
( ) unter 1 Zehntelsekunde
( ) unter 2 Zehntelsekunden

10. Nenne mindestens fünf olympische Sprungdisziplinen!

11. Woraus waren die Medaillen bei der Olympiade 1992 in Albertville?
( ) Metall
( ) Kristallglas

12. Wie schwer ist das Gewehr im Damenbiathlon?
( ) 2 kg
( ) 4,5 kg

13. Bei welcher Disziplin tragen die Sportler Helme?
( ) Biathlon
( ) Eishockey

14. Aus wie vielen Spielern besteht eine Volleyballmannschaft?
( ) 6
( ) 8

15. Aus welchem Material sind Staffelstäbe?
( ) Metall
( ) Holz

Lösungen: 1. Griechenland, 2. Albertville, 3. Los Angeles, 4. nein, 5. acht, 6. 1,06 m, 7. 2 m/sec, 8. ca. 42, 9. unter einer Zehntelsekunde, 10. Dreisprung, Hochsprung, Kunstspringen, Stabhochsprung, Weitspringen, Schanzenspringen, Mächtigkeitsspringen, 11. Kristallglas, 12. 4,5 kg, 13. Eishokkey, 14. sechs, 15. Metall.

Ballpaarläufe

Alle Paare stellen sich seitlich an den Start einer Rennstrecke. Im ersten Lauf halten sie (mittelgroße) Bälle zwischen ihren Köpfen, im zweiten klemmen sie die Bälle zwischen ihre Rücken. Fällt ein Ball auf dem Weg herunter, muß das Paar an den Start zurück.

Streichholzschachtel-Liegestützwettkampf

Im Liegestütz hebt jedes Kind mit der Nase nacheinander 5 Streichholzschachtelhüllen auf und streift sie in einen nebenstehenden Behälter ab. Die Stoppuhr stellt fest, wer am schnellsten ist.

Turmbau zu Fuße

Das Spiel beginnt ganz gemütlich, weil sich alle Teilnehmer auf den Rücken legen. Auf Fußhöhe stehen einige Dosen. Wer baut mit den Füßen den höchsten Turm?

Flossenlauf

Die Läufer ziehen am Start Schwimmflossen an und klemmen einen Ball zwischen die Beine. So hüpfen sie bis zum Umkehrpunkt. Verlieren sie zwischendurch den Ball, müssen sie an den Start zurück. Am Umkehrpunkt nehmen sie den Ball in die Hände und „laufen" zum Ziel. Geschickten Flossenspringern stellen wir noch Hindernisse in den Weg.

Wer gewinnt beim lustigen Flossenlauf?

DAS HAUT DEN STÄRKSTEN UM

★ Übertragen Sie die Umrisse des „Starken" vom Vorlagebogen auf ein Holzbrett. Sägen Sie die Figur aus, bemalen Sie sie, und befestigen Sie sie mit Scharnieren.

★ Aus angemessener Entfernung bringen die Kinder den Sportler mit nassen Schwämmen zum Umfallen.

Mit nassen Schwämmen werden „die Starken" nach Herzenslust beworfen

Besenfußball

2 Stühle werden auf glattem Boden 5 m voneinander entfernt aufgestellt. Sie markieren zwei Tore, vor denen zwei Spieler mit ihren Stöcken auf den Anpfiff warten. Sofort rennen sie zur Mitte, wo ein Lappen liegt, und versuchen, ihn mit ihrem Stock in das gegnerische Tor zu schieben.

Sportliche Scherzfragen

1. Welche Sportler sind vornehm? (Die Boxer, wegen der Handschuhe.)

2. Welche Frau wirkt in jedem Finale mit? (Ina)

3. Bei welchem Sport gibt es die wenigsten Verletzungen? (Denksport)

4. Welcher Sport ist denn besonders gefährlich? (Tran-sport gefährlicher Güter)

5. Welcher Ring ist quadratisch? (Boxring)

6. Welche Züge kann man in einer Turnhalle sehen? (Klimmzüge)

7. Warum sind einigen Sportlern die Schuhe plötzlich zu eng? (Weil man ihnen in die Schuhe schiebt, gedopt zu sein.)

8. In welchem Land fühlt sich ein Sportler besonders wohl? (Siegerland)

9. Welches Tier ist immer im Zeitlupentempo unterwegs? (Ente: Zeitlup-ente-mpo)

10. Welchen Kuß will keiner ins Gesicht bekommen? (Dis-kus)

11. Welcher Werfer hält nicht, was sein Name verspricht? (Der Scheinwerfer wirft nicht mit Scheinen.)

12. Welcher Spiegel zeigt dir nicht dein Spiegelbild? (Medaillenspiegel)

13. Wie heißt der Lieblingssport, den die Pessimisten am liebsten ausüben? (Handtuch werfen)

14. Welches Sportgerät hat Saskia immer bei sich? (Sa-ski-a)

15. Was hat ein Boxer mit der Königin von England gemeinsam?
(Handschuhe)

16. In welchen Zug paßt nur eine Person? (Trainingsanzug)

17. Was macht ein Langstreckenläufer aus Kenia, wenn er in Berlin eine Schlange sieht?
(Er stellt sich hinten an.)

Knalliges Schubkarrenmatch
Alle Kinder bilden Schubkarrenpaare. Die Handläufer nehmen einen aufgeblasenen Luftballon in den Mund. Wenn das Match beginnt, versuchen sie, die Luftballons der Gegner mit ihren Händen zum Knallen zu bringen und gleichzeitig ihren eigenen zu schützen.

Handtuchrodeln
Auf glatten Böden macht Handtuchrodeln im Einer oder Zweier großen Spaß. Die Rodler setzen sich am Start so auf die ausgebreiteten Handtücher, daß auch die Füße darauf bleiben. Wer kann so am schnellsten ins Ziel rodeln? Auch im Stehen läßt es sich gut rutschen. Bei guter Absprache können auch mehrere Spieler auf einem Handtuch rodeln.

Sackweitsprung
Der Springer steigt in einen Jutesack, bindet ihn mit einem Gürtel in der Taille zu und springt aus dem Stand so weit wie möglich. Im zweiten Durchgang hält er beim Springen einen Gegenstand, zum Beispiel einen Ball, in den Händen.

Abschlußfeier
Nach einem flotten Fahnentanz marschieren die Sportler anschließend in einer Polonaise aus dem Stadion. Kleine Kinder zünden am olympischen Feuer ihre Laternen an und beenden so das Fest mit einem Laternenumzug.

Sportlermahlzeit

Orangenmüsli

Ergibt 12 Portionen
380 g Weizenvollkornschrot
300 g ungeschwefelte, getrocknete Aprikosen
180 g ungeschwefelte Rosinen
1,2 kg Magerquark
3 EL Zitronensaft
6 EL Honig
3 Orangen, 3 Äpfel
6 EL Sonnenblumenkerne
frische Minzblätter

Lassen Sie das Getreide in wenig kaltem Wasser über Nacht quellen. Weichen Sie die Aprikosen und Rosinen ebenfalls über Nacht ein.
Rühren Sie den Quark mit etwas Einweichwasser von den Trockenfrüchten, dem Zitronensaft und dem Honig glatt. Schneiden Sie die Aprikosen klein, und mischen Sie sie zusammen mit den Rosinen und dem Getreide unter den Quark.
Schälen und filetieren Sie die Orangen. Waschen Sie die Äpfel, entfernen Sie die Kerngehäuse, und schneiden Sie die Äpfel in dünne Spalten.
Verteilen Sie den Quark auf 12 Teller, und streichen Sie ihn glatt. Richten Sie die Orangen- und Apfelstückchen sternförmig darauf an. Streuen Sie die Sonnenblumenkerne darüber. Dekorieren Sie die Minzblätter in der Mitte.
(Foto S. 99: unten)

Beerenmüsli

Ergibt 12 Portionen
380 g grob geschrotete Getreidemischung (Weizen, Roggen, Gerste, Hirse, Buchweizen)
1,2 l Wasser
1,2 kg Dickmilch (3,5 % Fett)
12 EL Honig
1,2 kg Beerenfrüchte, 4 Eiweiß
120 g gehackte Pistazien
120 g Mandelblättchen

Lassen Sie die Getreidemischung in dem Wasser etwa 6 Stunden zugedeckt quellen.
Verrühren Sie die Dickmilch mit 6 Eßlöffel Honig und dem gequollenen Getreide.
Verlesen, waschen und putzen Sie die Beeren. Legen Sie einige für die Dekoration beiseite. Heben Sie den Rest unter die Dickmilch.
Verquirlen Sie die Eiweiße mit der Gabel. Geben Sie die Pistazien auf eine Untertasse. 12 Sektschalen bis kurz über den Rand ins Eiweiß stippen, dann anschließend in die gehackten Pistazien drücken.
Füllen Sie die Gläser mit dem Müsli. Dekorieren Sie die Oberfläche mit den Beeren. Verteilen Sie die Mandelblättchen und den restlichen Honig darüber.
(Foto S. 99: oben)

Powerbrot

Ergibt 12 Stück
750 g Magerquark
375 g Buttermilch
Salz
Pfeffer aus der Mühle
6 EL Maiskörner aus der Dose
3 Tomaten
etwas Kresse
12 Scheiben Bauernbrot
12 kleine Scheiben magerer gekochter Schinken

Verrühren Sie den Quark mit der Buttermilch, und schmecken Sie ihn mit Salz und Pfeffer fein ab. Mischen Sie die dann Maiskörner darunter.
Waschen Sie die Tomaten, und schneiden Sie sie in Scheiben. Spülen Sie die Kresse gut ab, und schneiden Sie sie ab.
Streichen Sie die Quarkcreme auf die Brotscheiben, und garnieren Sie die Brote mit Schinken, Tomatenscheiben und Kresse.
(Foto: S. 100 oben)

Spinatsuppe „Popeye"

Ergibt 4 Teller
400 g gehackter Spinat (tiefgekühlt)
1 EL Keimöl
1 EL Weizenvollkornmehl
¼ l Gemüsebrühe
4 EL Sahne
Pfeffer aus der Mühle
Salz
Muskatnuß
2 hartgekochte Eier

Lassen Sie den tiefgekühlten Spinat auftauen. Erhitzen Sie das Öl in einem Topf, und lassen Sie das Vollkornmehl darin anschwitzen. Gießen Sie die Brühe an, verrühren Sie alles, fügen Sie den Spinat hinzu, und lassen Sie alles kurze Zeit köcheln.
Geben Sie die Sahne dazu, und schmecken Sie die Suppe mit Pfeffer, Jodsalz und Muskat ab.
Hacken Sie die hartgekochten Eier klein, und streuen Sie sie auf die Suppe.
(Foto S. 101 oben)

Möhren-Powerdrink

Ergibt 1 Glas
150 ml Buttermilch
100 ml Karottensaft
1 TL Zitronensaft

Gießen Sie Buttermilch, Karottensaft und Zitronensaft in einen Mixer, und mixen Sie alles etwa 1 Minute.
Gießen Sie das Mixgetränk in ein hohes Trinkglas.
(Foto S. 100/101: unten links)

Bananen-Powerdrink

Ergibt 1 Glas
1 kleine geschälte Banane
150 ml Vollmilch
1 TL Zitronensaft
etwas abgeriebene Schale
1 unbehandelten Zitrone
½ TL Honig

Schneiden Sie die Banane mit einem Messer in Stücke. Gießen Sie die Milch in den Mixer, geben Sie die Bananenstückchen, den Zitronensaft, die Zitronenschale und den Honig dazu. Mixen Sie alles.
Gießen Sie den Bananen-Powerdrink in ein hohes Trinkglas mit Strohhalm.
(Foto: S. 100/101: unten Mitte)

Orangen-Powerdrink

Ergibt 1 Glas
⅛ l Vollmilch
100 g Orangensaft
etwas abgeriebene Schale
1 unbehandelten Orange
½ TL Honig

Gießen Sie die Milch und den Orangensaft in einen Mixer, und geben Sie die Orangenschale und den Honig dazu.
Mixen Sie alles etwa 1 Minute, und gießen Sie das Mixgetränk in ein hohes Trinkglas.
(Foto S. 100/101: unten rechts)

Wenn wilde Tiere friedlich feiern ...

Wenn Ihr Kind Tiere liebt, dann führt an dieser Party kein Weg vorbei! Dekorieren Sie das Haus mit Tierbildern, oder fordern Sie die Kinder auf, ihr Lieblingstier zu zeichnen und das Bild mitzubringen. Jedes Bild wird dann mit einem kleinen Geschenk prämiert.

Für die Einladungskarten können Sie Tierbilder aus Zeitschriften ausschneiden und auf Zeichenkarton kleben. Zeichnen Sie dann an das Maul des jeweiligen Tiers eine Sprechblase mit den Informationen zur Party. Wenn Sie den Zooaspekt hervorheben möchten, sollten Sie eine Handvoll Nüsse zusammen mit der Einladungskarte in ein Säckchen geben. Oder schneiden Sie für die Haustierparty einen Hundeknochen aus.

Spiel und Spaß

Wettschwimmen

Zeichnen Sie sechs 20 cm große Fische auf Papier auf (kein Zeichenkarton!). Die Kinder können Ihnen beim Zeichnen und beim Bemalen mit Wachsmalkreiden helfen. Sechs Kinder können dieses Spiel gleichzeitig spielen: Sie sitzen alle in einer Reihe, jedes hat einen Fisch vor sich auf dem Boden liegen und hält eine aufgerollte Zeitung in der Hand. Mit der Zeitung müssen die Kinder ihren Fisch dann vorwärts treiben, indem sie sie hinter ihm hin- und herwedeln. Derjenige, der seinen Fisch als erster ans andere Ende des Zimmers und über die Ziellinie „gewedelt" hat, ist Sieger.

Armer schwarzer Kater!

Fordern Sie die Kinder auf, sich im Kreis auf Stühle zu setzen. Eines der Kinder muß den Kater spielen, auf allen vieren im Zimmer herumlaufen, sich an den Beinen der Kinder reiben und dabei miauen. Die Kinder müssen den Kater, wenn er zu ihnen kommt, streicheln. Sie dürfen dabei aber unter keinen Umständen lachen! Wer lacht, muß ausscheiden.

Schlafende Löwen

Dieses Spiel eignet sich hervorragend als Abschluß einer hektischen Party! Die Kinder liegen alle auf dem Boden und geben vor, schlafende Löwen zu sein. Keiner darf dabei sprechen, lachen oder sich bewegen. Das Kind, dem das am längsten gelingt, hat gewonnen.

Was bin ich?

Schreiben Sie vor der Party verschiedene Tiernamen auf kleine, selbstklebende Zettel oder Etiketten. Kleben Sie dann jedem Kind einen Zettel auf die Stirn, wobei die Kinder nicht sehen dürfen, was auf ihrem Zettel steht. Sie müssen durch Fragen an ihre Mitspieler herausfinden, was für ein Tier sie sind. Solange die Antwort „ja" lautet, dürfen sie weitere Fragen stellen, bei „nein" kommt der nächste Spieler an die Reihe. Das Kind, das als erstes seine Identität errät, hat gewonnen. Die anderen können jedoch so lange weiterspielen, bis alle herausgefunden haben, was für ein Tier sie sind.

Vervollständigen Sie das Froschkostüm mit grünen Gartenhandschuhen

TIERMASKEN HERSTELLEN

★ Schneiden Sie aus Zeichenkarton Tiermasken aus (s. Vorlagebogen).

★ Wenn Sie nicht so viel Zeit haben oder dem Streß entgehen wollen, können Sie die ausgeschnittenen Masken als Einladungen versenden und die Kinder bitten, sie bunt angemalt zur Party mitzubringen.

★ Machen Sie an beiden Seiten der Maske je ein Loch, und befestigen Sie daran einen Bindfaden oder ein Gummiband, damit die Maske aufgesetzt werden kann.

Für die Fütterung

Schildkrötenkuchen

175 g weiche Margarine
175 g Zucker
3 geschlagene Eier
175 g Mehl
1 ½ EL Backpulver
1 ½ EL Kakaopulver
Aprikosenmarmelade zum Bestreichen
runde Kuchenplatte (Durchmesser 30 cm)
Für die Dekoration:
300 g Marzipanrohmasse
250 g Puderzucker
grüne, blaue, schwarze, braune und gelbe Lebensmittelfarbe

Fetten Sie eine 1,75–2 Liter fassende, hitzebeständige Schüssel ein, und legen Sie den Boden sorgfältig mit Backpapier aus.

Rühren Sie die Margarine und den Zucker cremig, bis eine lockere Masse entsteht. Fügen Sie die Eier unter kräftigem Rühren nach und nach hinzu. Sieben Sie das Mehl, das Backpulver und das Kakaopulver, und geben Sie es unter die Eimasse. Füllen Sie die Mischung in die hitzebeständige Schüssel, und backen Sie sie 1–1 ¼ Stunden im auf 160 °C (Gas Stufe 1) vorgeheizten Backofen, bis der Teig aufgegangen ist und sich fest anfühlt. Lassen Sie ihn noch ein paar Minuten in der Schüssel ruhen, ehe Sie ihn zum Abkühlen auf ein Kuchengitter stürzen.

Legen Sie den Kuchen dann auf eine Kuchenplatte, und schneiden Sie ihn in die Form einer Schildkröte. Schneiden Sie an einer Stelle für den Kopf ein kleines V aus und weitere vier kleine V für die Beine (Abb. 1). Bestreichen Sie den Kuchen mit Aprikosenmarmelade.

Geben Sie die Mazipanrohmasse in eine Schüssel, und sieben Sie unter ständigem Rühren nach und nach 200 g des Puderzuckers hinein. Kneten Sie den Zuckerguß, bis er weich ist. Nehmen Sie 125 g der Marzipanmasse, und färben Sie sie grünbraun, indem Sie die obenerwähnten Farben mischen. Aus einem Drittel der gefärbten Masse formen Sie den Kopf, wobei der Hals wie ein V zugespitzt wird, damit er an den Körper paßt. Markieren Sie die Augen und den Mund. Teilen Sie die restliche grünbraune Mazipanmasse für die Beine in vier Teile, legen Sie sie an den Kuchen, und markieren Sie die Klauen. Färben Sie die restliche Mazipanmasse braun, und rollen Sie sie aus,

Fordern Sie die Kinder auf, sich gegenseitig beim Herstellen der Masken zu helfen – vier Hände sind besser als zwei

bis sie groß genug ist, um den ganzen Kuchen zu bedecken. Heben Sie den Zuckerguß mit Hilfe eines Nudelholzes hoch, und drapieren Sie ihn über dem Kuchen. Modellieren Sie den Zuckerguß vorsichtig um die Füße und den Kopf herum, und rollen Sie ihn da, wo er die Kuchenplatte berührt, leicht nach oben. Markieren Sie die Einkerbungen mit Hilfe eines Messers auf dem Panzer (Abb. 2). Mischen Sie die restlichen 50 g des Puderzuckers mit brauner Lebensmittelfarbe und etwas Wasser, bis eine zähe Masse entsteht. Füllen Sie die Masse in einen Spritzbeutel, und spritzen Sie damit das Muster auf den Panzer.

(Foto S. 105)

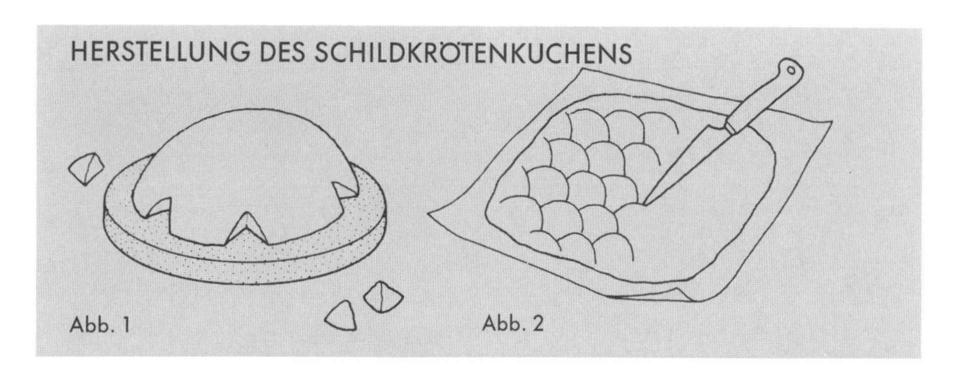

Gebackenes Hähnchen

Ergibt 4 Portionen
4 enthäutete Hähnchenteile
25 g Mehl, Salz und Pfeffer
2 Eier
150 ml Milch
175–250 g Semmelbrösel
2 geschälte und der Länge nach halbierte Bananen
4 Streifen Frühstücksspeck
Öl zum Fritieren

Tupfen Sie die Hähnchenteile mit Küchenpapier trocken, und bestäuben Sie sie dann mit dem Mehl sowie mit Salz und Pfeffer. Schlagen Sie die Eier mit der Milch in einer flachen Schüssel, und tauchen Sie die Hähnchenteile hinein. Wenden Sie die Hähnchenteile und dann die Bananen in den Semmelbröseln.
Legen Sie die Speckstreifen auf ein Brett, und ziehen Sie sie in die Länge. Schneiden Sie die Streifen dann der Länge nach in zwei Hälften, rollen Sie sie zusammen, und stecken Sie sie mit einem Zahnstocher fest. Grillen Sie die Streifen dann bei mäßiger Hitze 10–15 Minuten im vorgeheizten Grill. Lassen Sie das Fett auf Küchenpapier abtropfen.
Erhitzen Sie unterdessen das Öl in der Friteuse auf 190 °C. Fritieren Sie die Hähnchenteile 12–15 Minuten, bis sie goldbraun und gar sind. Lassen Sie sie auf Küchenpapier abtropfen. Fritieren Sie dann die Bananen 3–4 Minuten lang. (Foto S. 106/107: links)

Tierpizza

Ergibt 12 Portionen
375 g Pizzafertigteig
125 g geriebener Käse
2 EL Öl, 1 fein geschnittene Zwiebel
2 EL Tomatenmark
2 EL italienische Kräutermischung
Salz und Pfeffer
50 g in dünne Scheiben geschnittene Pilze

Bereiten Sie den Pizzaboden anhand der Erklärungen auf der Packung zu, und geben Sie dann 50 g des geriebenen Käses dazu. Rollen Sie ihn zu einem 23 cm großen Kreis aus, und legen Sie ihn dann auf ein gefettetes Backblech.
Erhitzen Sie das Öl in einem kleinen Topf, und braten Sie die Zwiebel darin

glasig. Rühren Sie dann das Tomatenmark, die Kräutermischung, Salz und Pfeffer hinein. Kochen Sie die Mischung 2 Minuten lang, und verteilen Sie sie dann auf dem Pizzaboden. Streuen Sie die Pilze und den restlichen geriebenen Käse darüber. Backen Sie die Pizza 25–30 Minuten im auf 220 °C (Gas Stufe 4) vorgeheizten Backofen. (Foto S. 106/107: rechts)

Weiße Mäuse

Ergibt 12 Portionen
2 Eiweiß, 125 g Zucker

24 halbierte Mandeln
36 farbige Liebesperlen
einige 10 cm lange rote Lakritzstangen

Schlagen Sie die Eiweiße in einer großen Schüssel, bis sie steif sind und trocken aussehen. Rühren Sie den Zucker löffelweise darunter, und schlagen Sie die Masse, bis sie eingedickt ist.
Füllen Sie die Mischung in einen Spritzbeutel mit einer einfachen, 1 cm großen Tülle. Belegen Sie ein Backblech mit Backpapier, und spritzen Sie die Mischung so darauf, daß kleine Häufchen entstehen: an einem Ende breit, am anderen spitz.
Stecken Sie die Mandeln am spitzen Ende als Ohren in die Masse, und fügen Sie die Liebesperlen als Augen und Nasen hinzu. Backen Sie die Mäuse 2 Stunden im auf 110 °C (Gas Stufe 1/4) vorgeheizten Backofen.
Bohren Sie mit einem Spießchen ein Loch ins hintere Ende jeder Maus, und bringen Sie dort jeweils ein Stück der roten Lakritze als Schwanz an.
(Foto S. 107 oben: links)

Schokoladenbrocken

Ergibt etwa 15 Stück
25 g Margarine, 125 g Vollmilchschokolade
2 EL klarer Honig, 125 g Kleieflocken

Die Margarine, die Schokolade und den Honig in einen Topf geben und die Mischung bei mäßiger Hitze rühren, bis alles geschmolzen ist. Die Kleieflocken hinzufügen und mischen. Die Masse dann in Papierförmchen füllen und fest werden lassen.
(Foto S. 107 oben: rechts)

Käse-Erdnuß-Bällchen

Ergibt 24 Stück
250 g Weichkäse mit hohem Fettgehalt
2 EL Erdnußbutter
75 g fein geschnittener Schinken
3 EL frische Semmelbrösel
125 g zerkleinerte gesalzene oder geröstete Erdnüsse, 24 Zahnstocher

Verteilen Sie den Käse und die Erdnußbutter mit einem Holzlöffel gleichmäßig in einer Schüssel. Rühren Sie dann den geschnittenen Schinken und die Semmelbrösel hinein. Formen Sie aus der Mischung 24 kleine Bällchen. Wenden Sie alle Bällchen in den zerkleinerten Erdnüssen, bis sie mit einem gleichmäßigen Überzug versehen sind. Spießen Sie die Bällchen auf jeweils einem Zahnstocher auf. (Foto S. 108: unten)

Lustige Kokosgesichter

Ergibt 12 Stück
75 g weiche Margarine, 75 g Zucker
3 Eigelb, ½ Fläschchen Vanillearoma
125 g gesiebtes Mehl
50 g gesiebtes Reismehl oder Speisestärke
75 g Kokosflocken
6–8 EL Zitronenquark für die Füllung
Zum Dekorieren:
4 EL Kokosflocken
1 EL Kakaopulver
Aprikosenmarmelade
12 Cocktailkirschen
kandierte Früchte

Rühren Sie die Margarine und den Zucker, bis eine lockere, cremige Masse entsteht. Geben Sie dann die Eigelbe und das Vanillearoma hinzu, schließlich das Mehl und die Kokosflocken. Verarbeiten Sie alles zu einem glatten Teig, und stellen Sie ihn 30 Minuten kühl.
Rollen Sie den Biskuitteig ganz dünn aus, und stechen Sie mit einem 7,5 cm großen Förmchen 24 Kreise aus. Legen Sie die Kreise auf eingefettete Backbleche, und backen Sie sie 12–15 Minuten im auf 180 °C (Gas Stufe 2) vorgeheizten Backofen, bis sie goldbraun sind. Lassen Sie sie auf einem Kuchengitter abkühlen.
Kleben Sie jeweils zwei Kekse mit dem Zitronenquark zusammen. Mischen Sie die Kokosflocken mit dem Kakaopulver. Bestreichen Sie die Oberfläche der Kekse mit ein wenig Aprikosenmarmelade, und streuen Sie als „Haare" etwas von den braunen Kokosflocken darüber. Die kandierten Früchte dienen als Gesicht.
(Foto S. 108 oben)

Fruchtiges Kaninchen

Ergibt 6–8 Portionen
1 Päckchen Himbeergötterspeise
1 Banane
50 g halbierte und entkernte Weintrauben
50 g Himbeeren
750 ml fassende Kaninchen-Gußform
1 Päckchen Zitronengötterspeise

Mischen Sie die Götterspeise mit Himbeergeschmack mit 450 ml kochendem Wasser oder wie auf der Packung beschrieben. Schneiden Sie die Banane in Scheiben, und geben Sie sie zusammen mit den Weintrauben und Himbeeren zu der Götterspeise. Füllen Sie die Mischung in die Kaninchen-Gußform. Bereiten Sie die Zitronengötterspeise genauso zu. Stürzen Sie beide Gußformen. Die zerkleinerte Zitronengötterspeise dient als Gras.
(Foto S. 109)

Partylichter

Ergibt 1,2 Liter
grüne Lebensmittelfarbe
Maraschinokirschen, 1,2 l Limonade

Färben Sie ½ l Wasser grün. Geben Sie in jede Eiswürfelform eine Maraschinokirsche, und füllen Sie sie mit dem grünen Wasser auf. Stellen Sie sie ins Tiefkühlfach.
Für ein Glas nehmen Sie 2-3 Eiswürfel, der Rest ist Limonade.
(Foto S. 108: links)

Das Mäusefreundefest für Dreikäsehochs

Wenn der Wald im Herbst sein goldenes Gewand anlegt und zum Spazierengehen und Toben einlädt, dann fällt es auch den Gastgebern von Kindergeburtstagen schwer, in Haus oder Wohnung zu feiern. Denn der Wald lockt – mit seinem raschelnden Laub, den herumliegenden Kastanien, Eicheln und Bucheckern. Was bietet sich also mehr an, als die Gäste in kleine Mäuschen und Igel zu verwandeln und mit ihnen in die Wälder zu gehen, auf eine sonnige Lichtung, auf der sie ungestört spielen können? Die folgenden Spiele sind für den herbstlichen Wald konzipiert, die meisten können aber auch problemlos im Haus durchgeführt werden. Wenn Sie in der Wohnung feiern, sollten Sie sich die Natur ins Haus holen. Legen Sie einige herbstliche Blätter auf den Fußboden und auf die Tische. Einige Waldfrüchte sollten Sie vorher ebenfalls sammeln – Sie benötigen Sie später für viele Spiele. Beachten Sie bei der Planung, daß es am Geburtstag regnen oder stürmen könnte. Bereiten Sie sich also schon im Vorfeld darauf vor, eventuell in die Wohnung auszuweichen. Ideal ist es natürlich, wenn Sie von zu Hause ein kleines Wäldchen zu Fuß erreichen. Dann könnten Sie spontan „umziehen", falls Sie beispielsweise nicht im Freien picknicken wollen oder das Wetter sich ändert.

Spiel und Spaß

Hamstern

Je zwei Hamster wollen ihren Wintervorrat anlegen. Von verschiedenen Orten aus bringen sie nacheinander jeweils eine Frucht in die Höhle: eine Erdnuß oder Buchecker zwischen Nase und Oberlippe geklemmt, eine Haselnuß oder Eichel auf einem Löffel im Mund, eine Walnuß oder Kastanie auf einer Astgabel, einen Zapfen auf dem Kopf. Wer hat die vier Früchte zuerst in seiner Höhle?

Maulwurfshügel aus Laub

Jedem Maulwurf stecken Sie einen Stock so in die Erde, daß er noch 30 cm herausschaut. Wer kann am schnellsten so viel Laub sammeln und um den Stock häufen, daß dieser nicht mehr zu sehen ist?

Kernige Einladungen

★ Für die Eulenkarte wird ein 16 x 13 cm großes Stück gelber Fotokarton zur Hälfte gefaltet, für die Igelkarte nehmen Sie ein 11,5 x 32 cm großes Kartonstück.

★ Ziehen Sie die vom Vorlagebogen abgepausten Igel- und Eulenkonturen mit der Alleskleberflasche nach. Drücken Sie auf die Klebelinie Bucheckern, als Augen verwenden Sie Eichelhütchen. Sieht kernig aus, nicht wahr?

Für die „kernigen Karten" werden Bucheckern und Eichelhütchen benötigt

Welche Springmaus schleudert die Kastanien am weitesten?

Tastmäuse
Die niedlichen Tastmäuse sind besonders geschickt. Sie können einen anderen blind ertasten, im Eichelhaufen blind eine Kastanie finden oder Waldfrüchte in einem Sack von innen oder außen tastend erkennen. Größere ertasten mit verbundenen Augen Blätter und Baumrinden.

Springmäuse auf der Mäusewippe
Eine Mäusewippe bauen Sie einfach aus einem Rundholz und einem Brett oder einem dicken Ast. Während auf einem Ende des Brettes eine Kastanie liegt, springt eine Springmaus auf das hochstehende Ende der Wippe und schleudert dabei die Kastanie ganz weit weg oder in einen Zielkorb.

Lenkmäuse
Einer Maus werden die Augen verbunden. Die anderen sind die Lenkmäuse und bilden einen Kreis um diese Maus. Sie werfen eine Kastanie auf den Boden und lenken die Maus bei der Suche durch lautes Piepsen. Wer die gefundene Kastanie nachher bekommt, wird neue Suchmaus.

Naschmäuse
Jeder blinden Naschmaus werden auf einem kleinen Löffel nacheinander verschiedene Obststückchen gereicht, die sie erraten müssen.

Husch, husch ins Mauseloch
Wird das Fest zu Hause gefeiert, so entsteht aus Stühlen ein langer Mäusetunnel, durch den unsere Mäuse in ihr Mauseloch (ein großer bemalter Karton) kriechen. Passen alle hinein?

Wohnungsnot bei Mäusen
Aus Zapfen, Kastanien oder Eicheln legt sich jede Maus einen Mauselochring, in dem sie stehen kann. Nach vollbrachter Arbeit erklingt Musik, und alle tanzen lustig herum, bis die Musik plötzlich abbricht. Schnell suchen sie sich ein Loch. Doch was ist geschehen? In einem der Löcher sitzt schon eine Maus (Stofftier). So findet eine Maus keine Wohnung mehr und muß ausscheiden. Die Musik setzt wieder ein. Ein weiteres Mauseloch wird vom Spielleiter mit einer Maus oder einem Gegenstand belegt, so daß wieder jemand ausscheidet. Wer bleibt denn nun bis zuletzt glücklicher Wohnungsbesitzer?

Zu Hause kann man dieses herrliche Spiel auch mit Reifen oder Stühlen spielen, die nacheinander weggenommen werden.

Blinde Mäusepaare
Kastanien und Eicheln werden auf dem Boden verstreut. Ein Körbchen für Herrn Mäuserich, ein Körbchen für Frau Maus – schon können sie mit verbundenen Augen mit der Vorratssuche beginnen. Doch aufgepaßt! Herr Mäuserich sammelt nur Kastanien in sein Körbchen, Frau Maus die Eicheln. Wie lange brauchen sie?

Wühlmäuse
Mit viel Freude wühlen die Wühlmäuse nach den im Laub versteckten Nüssen.

Mäusehuckepack
Welche Mamamaus kriecht am schnellsten mit ihrem „Kind" (Stofftier) auf dem Rücken einen zuvor festgelegten Mäuseslalom entlang in die Höhle (großer Karton!).

Frau Saubermaus saugt Laub
Vor der Mausehöhle liegen viele Blätter – zu viele –, meint Frau Saubermaus und bittet ihre Freunde, ihr beim Laubsaugen zu helfen. Jeder bekommt von ihr einen Strohhalm. Damit sollen sie Blätter ansaugen und ohne Zuhilfenahme der Hände zu einem Eimer bringen. Ob die Freunde zum Laubsaugen taugen?

Mucksmäuschenstill
Können die Mäusefreunde fünf Minuten lang mucksmäuschenstill sein, um den Geräuschen des Waldes zu lauchen? Anschließend erzählen sie, was sie gehört haben.

Wer führt seinen Freund am schnellsten über den Hindernisweg?

Blind vertrauen
Ein Kind führt einen „blinden" Freund, dem die Augen verbunden wurden, über einen Hindernisweg – herumliegende Äste, Bäume, Löcher – zu einem Ziel. Welches Freundespaar schafft das am schnellsten?

Es war einmal eine schwarze Katze
Eine Märchenmaus sitzt auf dem Boden und erzählt ein erfundenes Märchen, während die anderen um sie herumlaufen. Wenn sie die „schwarze Katze" erwähnt, müssen alle schnell vor ihr weglaufen. Wen sie dennoch erwischt, der wird neue Märchenmaus, bis wieder die schwarze Katze kommt.

Mäuschen, piep einmal!
Ein Kind mit verbundenen Augen setzt sich auf den Schoß eines Kindes im Sitzkreis und sagt: „Mäuschen, piep einmal!" Wenn es das Kind an der Stimme erkennt, werden diesem die Augen für eine neue Runde verbunden. Wenn nicht, setzt es sich auf einen anderen Schoß und rät von neuem.

Mäuseschwänzchen
Wir malen eine große schwanzlose Maus von der Vorlage auf eine Pappe und lehnen diese an einen Baumstamm oder eine Wand. Nacheinander kleben die Mäusefreunde mit verbundenen Augen der Maus einen Wollfaden (mit einem Klebstreifen) als Schwänzchen an. Hoffentlich landet das Schwänzchen nicht am Ohr!

Der Nußberg stürzt ein
Wir legen mit einem Wollfaden einen Kreis um einen großen Berg Nüsse oder Kastanien. Ein Kind wirft stehend eine große Walnuß auf den Berg und bringt ihn zum Einsturz. Alle Nüsse, die aus dem Kreis springen, darf es behalten.

Achtung, Mausefalle
Mit einer Wäscheleine legen wir einen Kreis als Mausefalle, um die alle Mitspieler einen geschlossenen Kreis bilden, indem sie sich alle an den Händen fassen. Beim Startkommando: „Achtung, Mausefalle!" versucht jeder nach Leibeskräften, einen anderen in den Kreis zu ziehen und selbst dieser Falle auszuweichen. Wer hineingerät, scheidet aus. Mit einer kleineren Falle geht's weiter.

Hände weg vom Speck
Der Waldgeist sitzt mit verbundenen Augen in der Mitte, und Käse- und Speckhäppchen liegen um ihn herum. An vier Seiten sitzen vier Mäusefreunde. Jeweils einer versucht, Käse und Speck zu stehlen, ohne dabei erwischt zu werden. Erkennt der Waldgeist, aus welcher Richtung der Dieb kommt?

Kastanientürme
Drei Kastanien werden aufeinandergelegt. Mit einer weiteren Kastanie versuchen wir, die oberste herunterzuwerfen.

Kastanienschlagball
Die linke Hand wirft eine Kastanie etwas hoch, die rechte Hand schlägt die Kastanie von unten mit einem Stock. Wie weit fliegt sie?

Nußstaffel für geschickte Mäuse
Zwei Mäusefamilien sitzen sich gegenüber. Die ersten beiden Spieler legen sich jeweils eine Nuß auf einen Handrücken. Sie sollen ihrem Nachbarn die Nuß auf dessen Handrücken weiterreichen, ohne dabei die freie Hand zu benutzen. Natürlich darf auch der Mund nicht helfen.

Rätsel
- Stacheln hab' ich wie ein Igel.
  Ei, sieht das nicht lustig aus?
  Purzle ich vom Baum herunter,
  springt ein braunes Männlein raus.
  (Kastanie)
- Es hat eine harte Schale,
  der Kern schmeckt süß und fein.
  Ihr knackt es alle gern,
  mein Freund, was mag das sein?
  (Nuß)
- Ich kenn' ein kleines braunes Tier,
  die Nüsse knackt es mit Begier.
  Es klettert schnell von Ast zu Ast,
  gönnt sich nur selten eine Rast.
  (Eichhörnchen)

Beim Nuß- oder Kastanienbergspiel kommt es auf Geschicklichkeit an

Mäusefutter

Kokosmäuse

Ergibt 5 Stück
200 g Kokosraspeln
100 g Zucker
1 Päckchen Vanillinzucker
3 Eiweiße
Lakritzstangen
Pfefferminzplätzchen
Liebesperlen

Schlagen Sie die Eiweiße steif, schlagen Sie nach und nach den Zucker und Vanillinzucker unter, und heben Sie auch die Kokosraspeln unter. Teilen Sie die Kokosmasse in 5 Portionen, und formen Sie sie zu Mäusen. Verwenden Sie je 2 Pfefferminzplätzchen als Ohren, eine Lakritzstange als Schwanz, eine halbierte Lakritzstange als Schnurrbarthaare und Liebesperlen als Augen und Näschen. (Foto S. 115: oben rechts)

Früchte-Igel

Kiwi
Kirschen
Weintrauben
Mandarinen
Ananas- und Käsestücke
Zahnstocher

Spiken Sie auf eine halbe geschälte Kiwi oder auf Kiwischeiben mit Zahnstochern Kirschen, Weintrauben, Käse-, Ananas- oder Mandarinenstücke auf.
(Foto S. 115: unten links)

Möhrentorte

Ergibt 12 Stücke
Für den Teig:
300 g Möhren
5 Eier
170 g Ahornsirup
2 Päckchen Vanillinzucker
300 g gemahlene Mandeln
1 TL Backpulver
½ TL Ingwerpulver
1 TL Zimtpulver
½ TL geriebene Muskatnuß
2 EL Orangensaft
1 TL weiche Butter oder Margarine für die Form
1 EL Semmelbrösel für die Form
Für den Belag:
250 g Aprikosenkonfitüre
4 EL Orangensaft
1 Ei
50 g Corn-flakes
12 kleine Möhren aus Marzipan (gibt's beim Konditor)

Heizen Sie den Backofen auf 170 °C (Gas Stufe 1-2) vor. Waschen Sie die Möhren, und schneiden Sie jeweils oben und unten ein Stück ab.
Schälen Sie die Möhren, raspeln Sie sie, und geben Sie sie dann in eine Schüssel.
Trennen Sie die Eier, und geben Sie das Eigelb in eine große Schüssel.
Geben Sie Ahornsirup und den Vanillinzucker dazu, und schlagen Sie alles schaumig.
Schlagen Sie die Eiweiße steif.
Geben Sie Möhren, Mandeln, Backpulver, Ingwerpulver, Zimt, Muskatnuß und den Orangensaft zu den anderen Zutaten in die große Schüssel, und verrühren Sie das Ganze kräftig. Heben Sie den Eischnee vorsichtig unter den Teig.
Fetten Sie eine Springform ein, und streuen Sie sie mit den Semmelbröseln aus. Füllen Sie den Teig hinein, und streichen Sie ihn glatt.
Backen Sie den Kuchen ungefähr 35 Minuten.
Lösen Sie die Torte von der Form, und heben Sie ihn auf eine Kuchenplatte. Lassen Sie ihn einen Tag ruhen.
Geben Sie am nächsten Tag die Konfitüre für den Belag in einen Kochtopf, stellen Sie ihn auf die Herdplatte, und schalten Sie sie auf Stufe 2. Lassen Sie die Konfitüre heiß werden. Gießen Sie sie dann durch ein Sieb in eine Glasschüssel, und verrühren Sie sie mit dem Orangensaft zu einer glatten Glasur.
Geben Sie das Ei dazu, und verrühren Sie es mit der Konfitüre und dem Orangensaft. Streichen Sie die Glasur auf die ausgekühlte Torte, streuen Sie die Corn-flakes darüber, und garnieren Sie die Torte mit den Marzipanmöhrchen.
(Foto S. 116)

Igelbrötchen

Ergibt etwa 15 Stück
200 g Joghurt (1,5 % Fett)
40 g Hefe
1 TL Salz
250 g Weizenvollkornmehl
250 g Sonnenblumenkerne
Zum Dekorieren:
2 Eigelb
etwa 120 g Mandelstifte
2 EL Sesam
30 ungeschwefelte Rosinen

Erwärmen Sie den Joghurt leicht. Verrühren Sie ihn mit der zerbröckelten Hefe und dem Salz. An einem warmen Ort 30 Minuten gehen lassen.
Nehmen Sie von dem Weizenvollkornmehl 3 Eßlöffel zum Ausarbeiten ab. Mahlen Sie die Hälfte der Sonnenblumenkerne fein, und geben Sie sie mit den restlichen Kernen zum Mehl. Verkneten Sie das Mehl mit dem Joghurt. Den Teig 20 Minuten gehen lassen.
Teilen Sie den Teig in 15 Stücke. Formen Sie diese oval. Lassen Sie das „Igelgesicht" spitz zulaufen. Auf ein gefettetes Blech legen.
Mit Eigelb bestreichen. Verzieren Sie die Igel mit Mandelstiften, Sesam und Rosinen. 20 Minuten gehen lassen. Im vorgeheizten Backofen bei 200 °C (Gas Stufe 3) backen.
(Foto S. 116/117)

Eßbare Fliegenpilze

Ergibt 6 Stück
6 Eier
1 kleine Schachtel Kresse
6 kleine Tomaten
1 EL Mayonnaise

Kochen Sie die Eier hart, und pellen Sie sie. Anschließend schneiden Sie die Kresse ab, waschen sie gut und lassen sie in Ruhe abtropfen.
Richten Sie auf einer Porzellanplatte mit der Kresse eine hübsche Wiese für die Fliegenpilze an.
Schneiden Sie von jedem Ei von der stumpfen Seite eine Scheibe ab, damit Sie die Eier aufrecht hinstellen können.
Schneiden Sie ebenso von jeder Tomate eine Scheibe ab, daß der Stengelansatz mit entfernt wird.
Höhlen Sie nun die Tomaten innen etwas aus, und setzen Sie sie mit der Öffnung nach unten auf die Eier. Tupfen Sie jetzt noch die Punkte mit der Mayonnaise auf die Fliegenpilze, und setzen Sie sie auf die grüne Wiese.
(Foto S. 117)

Grosses Teddybärenpicknick

Bitten Sie die Gäste, ihren Lieblingsteddy zur Party mitzubringen! Als Einladungskarten schneiden Sie Teddys aus Papier aus. Fordern Sie Ihr Kind oder Ihre Kinder auf, die Teddys bunt anzumalen und die Informationen zur Party in Sprechblasen zu schreiben. Es ist natürlich viel einfacher, eine Einladungskarte herzustellen und diese zu fotokopieren, als alle einzeln zu zeichnen!

Wenn die Party im Sommer stattfindet, können Sie sie im Garten abhalten, wo verschüttete Speisen und Getränke überhaupt kein großes Problem darstellen.

Wenn Sie im Haus feiern, sollten Sie in einem Heimwerkermarkt eine Rolle Rauhfasertapete kaufen. Schneiden Sie daraus Bäume und Zäune aus, malen Sie sie bunt an, und hängen Sie sie an die Wand, um eine Freiluftatmosphäre zu schaffen. Verpacken Sie das Essen portionsweise. Es wird jedoch viel weniger Unordnung entstehen, wenn die Kinder an einem Tisch essen. Damit die richtige Stimmung aufkommt, sollten Sie das Essen in kleine Körbchen geben und eine karierte Tischdecke auflegen.

Eine Krone für Teddy

Bevor sich die Gäste setzen, sollten sie für ihren Teddy eine Krone basteln. Geben Sie den Kindern Papier oder dünnen Zeichenkarton sowie selbstklebende Sterne und andere Aufkleber. Helfen Sie den Kindern beim Ausschneiden einer Kronenform, die auf den Kopf des Teddys paßt.

TEDDYKARTEN BASTELN

Schneiden Sie aus Zeichenkarton Teddybären aus, und befestigen Sie einen Faden daran.

Spiel und Spaß

Wo sind meine Schuhe?

Für dieses Spiel brauchen Sie alle Turn- und Sportschuhe, Gummistiefel und andere Schuhe, die Sie auftreiben können. Fordern Sie die Spieler auf, ihre Schuhe auszuziehen. Bilden Sie dann in der Mitte des Zimmers aus allen Schuhen einen großen Haufen. Das Kind, das seine Schuhe in dem Haufen zuerst wiederfindet und anzieht, hat gewonnen.

Das Luftballonspiel

Sie brauchen für jede Gruppe einen Luftballon und ein paar Reserveballons. Teilen Sie die Kinder in zwei Gruppen, und lassen Sie sie in zwei Reihen Aufstellung nehmen. Das erste Kind jeder Gruppe muß einen Luftballon unters Kinn klemmen und ihn so an den nächsten Spieler weiterreichen. Der Luftballon muß ans andere Ende der Reihe gelangen, ohne daß

er fallen gelassen oder mit den Händen berührt wird. Wenn ein Kind den Ballon fallen läßt, muß die Gruppe wieder von vorne beginnen! Der letzte Spieler in der Reihe muß den Luftballon zwischen die Knie klemmen und ihn so wieder zurückgeben. Die Gruppe, deren Luftballon auf diese Art und Weise wieder beim ersten Spieler angelangt ist, hat gewonnen.

Brumm, Teddy, brumm
Fordern Sie alle Kinder auf, sich im Raum verteilt hinzusetzen. Eines der Kinder soll sich dann in die Mitte stellen, wo ihm die Augen verbunden werden. Geben Sie ihm dann ein Kissen zum Festhalten. Fordern Sie dann die anderen Kinder auf, heimlich die Plätze zu tauschen. Drehen Sie das Kind in der Mitte ein paar Mal um sich selbst, und lassen Sie es dann los. Es muß nun durchs Zimmer laufen, bis es auf einen Mitspieler stößt. Es legt ihm das Kissen auf den Schoß und sagt: „Brumm, Teddy, Brumm!" Das Kind mit dem Kissen auf dem Schoß muß brummen, und das Kind mit der Augenbinde muß raten, um wen es sich dabei handelt.

Tierspiel
Verstecken Sie vor der Party übers ganze Haus verteilt viele Süßigkeiten. Teilen Sie die Kinder dann in Gruppen von jeweils drei oder vier Personen ein. Geben Sie jeder Gruppe einen Tiernamen – Affe, Löwe, Katze und so weiter –, und lassen Sie sie einen Anführer wählen. Die Gruppen schwärmen dann aus, um die Süßigkeiten zu suchen, die aber nur vom Anführer berührt werden dürfen. Wenn ein anderes Gruppenmitglied etwas Süßes findet, muß es den typischen Laut des Tieres, nach dem seine Gruppe benannt ist, nachahmen. Der Anführer wird dadurch angelockt und nimmt die Süßigkeit an sich. Erst danach darf die Gruppe weitersuchen. Diejenige Gruppe, die am Schluß die meisten Süßigkeiten gefunden hat, hat natürlich gewonnen.

Beziehen Sie die Teddys in so viele Spiele wie möglich ein, schließlich sind sie ja die Ehrengäste! Bei „Brumm, Teddy, brumm" und dem „Tierspiel" geht es ziemlich hektisch zu, aber auch spaßig

Teddys Lieblingsessen

Teddys Picknickkuchen

250 g weiche Margarine
250 g Zucker
4 geschlagene Eier
250 g Mehl
1½ TL Backpulver
rosa und grüne Lebensmittelfarbe
18 cm große quadratische Form
Zum Dekorieren:
Kuchenplatte (25 cm Durchmesser)
Aprikosenmarmelade
500 g Fondantmasse (vom Konditor)
Stärkemehl
grüne, rosa, gelbe und braune Lebensmittelfarbe
1 Kerze
200 g Marzipanrohmasse
50 g Puderzucker
Puppenteller, -gläser und -besteck
dünne Strohhalme
1,8 m dünnes Geschenkband
12 Zuckerblumen

Fetten Sie eine 18 cm große quadratische Form ein, und legen Sie sie mit Backpapier aus. Schlagen Sie die Margarine und den Zucker, bis eine cremige und lockere Mischung entsteht. Geben Sie dann nach und nach die Eier und das Mehl hinzu. Teilen Sie die Masse in drei Teile. Färben Sie ein Drittel rosa und ein Drittel grün. Geben Sie jeweils eine Schicht rosa und eine Schicht grünen Teig in die Kuchenform. Glätten Sie die Oberfläche, und backen Sie den Kuchen 1–1 ¼ Stunden im auf 160 °C (Gas Stufe 1) vorgeheizten Backofen.
Legen Sie den Kuchen auf die Kuchenplatte, und bestreichen Sie ihn mit der Marmelade. Stellen Sie ein Viertel der Fondantmasse beiseite, und rollen Sie den Rest auf einer mit Stärkemehl bestäubten Arbeitsfläche zu einem 28 cm großen Quadrat aus. Heben Sie die Fondantmasse mit dem Nudelholz hoch, und drapieren Sie ihn auf dem Kuchen. Streichen Sie sie mit Ihren mit Stärkemehl bestäubten Händen in Form. Schneiden Sie die überflüssige Fondantmasse ab, rollen Sie sie aus, und bedecken Sie damit die angefeuchteten Kanten der Kuchenplatte.
Färben Sie die Hälfte der restlichen Fondantmasse hellgrün, rollen Sie sie aus, und schneiden Sie daraus einen 15 cm großen quadratischen Teppich aus. Bestreichen Sie die Oberfläche des Kuchens mit Wasser, und legen Sie dann den Teppich darauf. Schneiden Sie mit einem Messer die Fransen hinein. Färben Sie etwas Fondantmasse rosa, und formen Sie daraus ein 5 cm großes Tischtuch. Legen Sie es in die Mitte des Teppichs. Formen Sie aus Fondantmasse ein kleines Quadrat als „Kuchen" für die Teddybären. Drücken Sie eine Kerze hinein, verzieren Sie die Seiten des Kuchens mit einem grünen Kranz aus Fondant, und legen Sie etwas Alufolie als Kuchenplatte unter den Kuchen.
Für die Teddybären verkneten Sie das Marzipan mit dem Puderzucker und formen daraus ein 2,5 cm langes Oval, den Körper. Formen Sie dann einen Kopf, und drücken Sie die Vorderseite so, daß eine Schnauze entsteht. Fügen Sie zwei kleine Ohren hinzu. Formen Sie die Gliedmaßen, und drücken Sie sie so an den Körper, daß der Teddy eine Sitzposition einnimmt. Stellen Sie weitere Teddys in unterschiedlichen Farben her.
Malen Sie die Gesichtszüge der Bären mit Lebensmittelfarbe auf, und lassen Sie sie trocknen. Plazieren Sie die Bären auf dem Kuchen. Verteilen Sie die Teller und das Besteck aus dem Puppenhaus neben den Bären. Füllen Sie rosa und gelbe Fondantmasse als Nachtisch und Getränke in die Gläser. Stecken Sie einen kurzen, dünnen Strohhalm in jedes Glas. Formen Sie aus dem Fondant Sandwiches und andere Leckerbissen. (Foto S. 121)

Sonnenpastete

Ergibt 12 Portionen
2 Päckchen Tiefkühlblätterteig
500 g Wurstbrät
1 klein geschnittene Zwiebel
250 g geriebener Käse
25 g frische Semmelbrösel
2 geschlagene Eier, 6 hartgekochte Eier
Milch zum Bestreichen
Salz und Pfeffer

Rollen Sie die Teigplatten vorsichtig zu jeweils 35,5 x 25,5 cm großen Rechtecken aus. Legen Sie die Rechtecke auf angefeuchtete Backbleche. Mischen Sie das Wurstbrät, die Zwiebel, den Käse, die Semmelbrösel und die geschlagenen Eier, und würzen Sie die Mischung gut. Geben Sie ein Viertel der Mischung als jeweils 5 cm breiten Streifen auf die Mitte der Teigrechtecke.
Halbieren Sie die hartgekochten Eier der Länge nach. Legen Sie sie dann mit der angeschnittenen Seite nach oben aneinander auf das Wurstbrät.
Bedecken Sie die Eihälften vorsichtig mit dem restlichen Wurstbrät, und rollen Sie den Teig dann zu einer gleichmäßigen Wurst zusammen. Befeuchten Sie die Teigränder, und drükken Sie sie dann zusammen. Drehen Sie die Teigrollen so, daß sich die „Nähte" an der Unterseite befinden. Bestreichen Sie den Teig mit Milch, und backen Sie ihn dann 40 Minuten im auf 200 °C (Gas Stufe 3) vorgeheizten Backofen. Kalt servieren.
(Foto S. 123: oben links)

Miniquiches

Ergibt 24 Stück
250 g Mürbeteig
8 Streifen Frühstücksspeck
6 fein geschnittene Frühlingszwiebeln
175 g geriebener Käse
3 Eier, 300 ml Milch
Salz und Pfeffer

Rollen Sie den Teig aus, stechen Sie mit einer 7,5 cm großen Form 24 Kreise aus, und legen Sie die Teigkreise in kleine Quicheförmchen. Schneiden Sie den Speck in kleine Stücke, und braten Sie ihn in einer Pfanne. Geben Sie die Frühlingszwiebeln dazu, und braten Sie beides weitere 5 Minuten. Verteilen Sie die Masse auf die 12 Quicheförmchen. Streuen Sie jeweils etwas geriebenen Käse darüber.
Rühren Sie die Eier, die Milch und die Gewürze in einer Schüssel zusammen, und füllen Sie die Mischung in die Quicheförmchen.
Backen Sie die Quicheförmchen 20–25 Minuten im auf 180 °C (Gas Stufe 2) vorgeheizten Backofen.
(Foto S. 123: oben rechts)

Picknickburger

Ergibt 12 Stück
12 Frikadellen, 12 kleine Brötchen
3–4 EL Mayonnaise, 12 Salatblätter
4–5 EL Tomatenketchup
12 Gurkenscheiben

Grillen Sie die Frikadellen 2–3 Minuten pro Seite, bis sie durch sind. Schneiden Sie die Brötchen auf, und toasten Sie die Schnittflächen. Bestreichen Sie die Brötchen dann mit der Mayonnaise. Legen Sie ein Salatblatt auf die Mayonnaise und darauf die Frikadelle. Geben Sie einen Löffel des Ketchups und eine Gurkenscheibe darauf.
(Foto S. 122)

Karottenkuchen

Ergibt 12 Stück
250 g Mehl, 2 EL Backpulver
150 g brauner Zucker
50 g gehackte Walnüsse
250 g geschälte und geriebene Karotten
2 kleine reife, zerdrückte Bananen
2 Eier, 150 ml Öl
Für den Belag:
75 g Doppelrahmfrischkäse
75 g gesiebter Puderzucker

Fetten Sie eine tiefe, 18 cm große, quadratische Kuchenform ein, und legen Sie sie mit Backpapier aus. Sieben Sie das Mehl und das Backpulver in eine große Schüssel, und geben Sie dann den Zucker und die Walnüsse dazu. Drücken Sie die geriebenen Karotten aus, geben Sie sie zusammen mit den Bananen zu der Mischung, und rühren Sie alles gut. Schlagen Sie die Eier und das Öl leicht, und rühren Sie es nach und nach mit einem Holzlöffel in die Mischung. Füllen Sie die Kuchenmischung in die Form, und backen Sie den Kuchen etwa 1 1/4 Stunden im auf 180 °C (Gas Stufe 2) vorgeheizten Backofen.
Für den Belag verrühren Sie den Frischkäse und den Puderzucker. Teilen Sie den Kuchen in zwei Hälften, und füllen Sie die Doppelrahmfrischkäse-Puderzucker-Mischung hinein.
(Foto S. 123: unten)

Fischhäppchen

Ergibt 24 Stück
1 Päckchen Tiefkühlseelachs
25 g Butter, 25 g Mehl
150 ml Milch, 2 hartgekochte Eier
1 EL gehackte Petersilie
1 Päckchen Tiefkühlblätterteig
1 geschlagenes Ei
Salz und Pfeffer

Kochen Sie den Seelachs wie auf der Packung angegeben. Schmelzen Sie die Butter in einem Topf, fügen Sie das Mehl hinzu, und lassen Sie es unter ständigem Rühren 1 Minute kochen. Nehmen Sie den Topf vom Herd, und gießen Sie die Milch unter ständigem Rühren nach und nach hinzu. Bringen Sie die Mischung zum Kochen, rühren Sie sie kräftig, und kochen Sie sie weitere 2 Minuten. Schneiden Sie die hartgekochten Eier klein. Geben Sie den Fisch und die Eier zusammen mit der Petersilie und den Gewürzen zu der Sauce. Rollen Sie den Teig dünn aus, und schneiden Sie mit einem 7,5 cm großen Förmchen Kreise aus. Geben Sie in die Mitte jedes Kreises einen Löffel der Fischfüllung. Bestreichen Sie die Ränder mit dem geschlagenen Ei, und klappen Sie den Teig über der Füllung so zusammen, daß ein Dreieck entsteht. Drücken Sie die Ränder fest aneinander. Geben Sie die Fischhäppchen auf ein angefeuchtetes Backblech, und bestreichen Sie sie mit dem geschlagenen Ei. Backen Sie das Ganze etwa 20 Minuten im auf 200 °C (Gas Stufe 3) vorgeheizten Backofen.
(Foto S. 124: ganz links)

Hotdogs

Ergibt 12 Stück
12 Frankfurter Würstchen
12 weiche, längliche Brötchen
Tomatenketchup
3 geviertelte Tomaten
12 kleine Gewürzgurken
Zahnstocher

Grillen Sie die Würstchen etwa 5 Minuten. Schneiden Sie die Brötchen der Länge nach auf, trennen Sie die beiden Hälften aber nicht voneinander. Bestreichen Sie die Schnittflächen dünn mit Ketchup. Geben Sie jeweils ein Würstchen hinein. Spießen Sie jeweils ein Tomatenviertel und eine Gewürzgurke auf einen Zahnstocher, und stecken Sie das Spießchen auf den Hotdog.
(Foto S. 124: Mitte links)

Käsetaschen

Ergibt 12 Stück
250 g Mehl, 1½ TL Backpulver
¼ EL Salz, ½ EL Senfpulver
25 g Butter, 5 Ecken Streichkäse
150 ml Milch, 125 g geriebener Käse
1 Schale Salatkresse

Sieben Sie das Mehl, das Backpulver, das Salz und das Senfpulver in eine große Schüssel, und geben Sie die Butter dazu. Fügen Sie drei Viertel des Streichkäses und so viel Milch hinzu, daß ein glatter Teig entsteht. Rollen Sie ihn zu einem 20 x 15 cm großen Rechteck aus, und schneiden Sie daraus 12 kleinere Rechtecke zu. Geben Sie diese auf ein eingefettetes Backblech, bestreichen Sie sie mit Milch, und streuen Sie den geriebenen Käse darüber.
Backen Sie das Ganze etwa 12 Minuten im auf 220 °C (Gas Stufe 4) vorgeheizten Backofen.
Schneiden Sie die Teigrechtecke auf, und bestreichen Sie die unteren Hälften mit dem restlichen Streichkäse. Geben Sie noch etwas Kresse darauf.
(Foto S. 124/125: Mitte)

Sonnenscheinkuchen

Ergibt 12 Stück
75 g Butter
1 geschlagenes Ei
2 EL Milch, 75 g Zucker
125 g Mehl
¾ TL Backpulver
12 Kuchenförmchen aus Papier
Zum Dekorieren:
75 g Butter
175 g Puderzucker
Zitronenquark

Schmelzen Sie die Butter in einem Topf. Nehmen Sie ihn vom Herd, und geben Sie das Ei, die Milch und den Zucker dazu. Rühren Sie alles gut durcheinander, und fügen Sie dann das Mehl hinzu. Stellen Sie die Kuchenförmchen auf ein Backblech, und füllen Sie sie mit der Teigmischung. Backen Sie die Förmchen 20–25 Minuten im auf 180 °C (Gas Stufe 2) vorgeheizten Backofen.
Schlagen Sie die Butter und den gesiebten Puderzucker, bis die Masse weich und cremig ist. Geben Sie sie dann in einen Spritzbeutel mit einer kleinen Sterntülle. Spritzen Sie damit an den Rändern entlang jeweils einen kleinen Kreis. Geben Sie in die Mitte einen Löffel Zitronenquark.
(Foto S. 124/125: rechts)

Die Bilderbuchbunte Bücherwurmparty

„Bei Bernhard Balthasar Blaubarts bilderbuchbuntem Bücherwurmfest bezaubern bildschöne, butterweiche Buchstabenlekkereien, blitzschnelle Bücherstapler, bahnbrechende Buchstabenspielereien, beliebte Buchstabenrätsel, beglückende Bücherspiele, bewunderungswürdige, berühmte Buchautoren bei blechtrommelbegleitender Beatlesmusik begeisterte, bastelfreudige Bücherwürmer."

Doch keine Angst, außer dem B werden auch die anderen Buchstaben des so wichtigen Alphabets den Kindern auf wunderbar spielerische Weise nahegebracht. Basteln Sie vor dem Fest etwa 12 cm große Papp- oder Holzbuchstaben, die bei verschiedenen Spielen benötigt werden. Dabei sollten die Vokale sowie die Buchstaben N, R, S und T mindestens zweimal vorkommen. Das Fest sollte am besten in einem Zimmer mit vielen Büchern gefeiert werden (vielleicht ein Lesezimmer, das Sie bunt schmücken (z. B. mit Luftballons). Auf die Einladungskarten können Sie bunte Buchstaben, Bücher oder einen bunten Bücherwurm malen. Fragen Sie vor dem Fest die Eltern Ihrer Gäste nach den Lieblingsbüchern der Kleinen. Sie können dann diese Buchtitel in Ihre Buchspiele integrieren.

Spiel und Spaß

Chor der Bücherwürmer
Mit Keksen oder einem Schluck Saft im Munde schmatzen und gurgeln die Bücherwürmer ein lustiges „Happy Birthday".

Bandwürmertanz
Die Tänzer befestigen bunte Kreppapier- oder Stoffbänder mit Klebeband an etwa 60 cm langen Stöcken. Sobald Musik einsetzt, beginnt der große Tanzspaß. Alle schwingen tanzend die Bänder um ihre Arme, Köpfe oder Beine. Dann wollen sich die Bandwürmer treffen. Dazu schwingen alle ihre Stöcke hoch und versuchen, die Bänder der anderen zu berühren. Wenn sie einen langen Bandwurm in die Luft gezaubert haben, lassen sie ihre Bänder so über den Boden kreisen, daß die anderen darüberspringen müssen.

Mit den Lippen lesen
In diesem Spiel lesen die Kinder mit den Lippen.

Wie das gehen soll? Ganz einfach! Einem lesewilligen Kind werden die Augen verbunden, und Sie füttern es in der richtigen Reihenfolge mit vier Keksen aus einer Abc-Gebäck-Mischung, die ein ganz bestimmtes Wort bilden, zum Beispiel A U T O. Kann das Kind das Wort mit den Lippen und der Zunge lesen?

Die Königin von England liebt Tee
Wer gern wissen möchte, was die Königin von England außerdem noch liebt, wird ganz herzlich eingeladen, bei diesem äußerst lustigen Spiel mitzumachen:

Das Geburtstagskind erzählt am Kaffeetisch, daß die Königin von England Tee liebt, aber keinen Kaffee. Reihum fragen die anderen zum Beispiel: „Liebt sie Bücher?" – „Nein, aber sie liebt Zeitschriften."

ABC

„Liebt sie Kekse?" – „Nein,
aber sie genießt Trüffel."
„Liebt sie Würfelspiele?" – „Nein,
aber sie spielt gern Karten."
„Liebt sie Jacken?" – „Nein,
sie bevorzugt Mäntel."
„Liebt sie Tennis?" – „Ja."

Hilft das Geburtstagskind mit seinen Antworten, finden sicher alle heraus, daß die Königin von England alle Sachen liebt, die ein „T" enthalten, weil sie ja „Tee" liebt.

Bücherhochstapelei
Daß Hochstapeln ganz schön anstrengend sein kann, merken Sie bei diesem Spiel: Viele Bücher liegen weit verstreut auf dem Boden. Zwei Schubkarrenpaare starten, sammeln die Bücher einzeln ein und stapeln sie hoch. Wer am Ende den höchsten Bücherturm vorzeigen kann, ist der beste Hochstapler.

Bücherordnung
Auf dem Boden oder an einem Tisch gehen die Bücherordner ans Werk. Für jedes Kind liegen zehn verschiedene Bücher bereit, die beim Startkommando alphabetisch nach Autoren geordnet aufgestapelt werden sollen. Wird der Schnellste mit einem Ordnungsorden belohnt?

Rückenpost
Wenn Sie jemandem mit den Fingern Wörter auf den Rücken schreiben, fühlt sich das an, als ob Bücherwürmer über seinen Rücken kriechen. Verstehen die Kinder die Kriechsprache?

Mit Büchern zeichnen
Bei diesem wunderschönen Spiel sitzen zwei Kinder einander gegenüber. Ein Kind hält einen Filzstift in Schreibhaltung, ohne ihn zu bewegen. Das andere Kind legt ein Blatt Papier auf ein Buch und bewegt dieses so unter dem Filzstift umher, daß ein Gegenstand gezeichnet wird, zum Beispiel ein Auto. Ob der Partner das schnell erkennen kann? Der Buchzeichner erleichtert ihm das Raten, wenn er die Gegenstände auf dem Kopf stehend zeichnet.

Großes und kleines Scherzfragenalphabet
A Welcher Buchstabe kann laut brüllen?
(Q – Kuh)

a Was haben ein Bär und eine Mücke gemeinsam?
(Einen Umlaut)

B Welchen Vogelnamen kann man mit zwei Buchstaben schreiben?
(NT – Ente)

b Welches Wort wird immer falsch geschrieben?
(Falsch)

C Was macht den Schmerz so schmerzhaft?
(Das m)

c Kannst du Wasser mit drei Buchstaben schreiben?
(Eis)

D Welcher Buchstabe wächst?
(C – Zeh)

d Was ist bei Tag und Nacht gleich?
(Das a)

Wörter essen: Wer erkennt den Buchstabenkeks mit der Zunge?

E Welcher Satz steht in keinem Buch?

(Kaffeesatz)

e Was ist bei der Mücke größer als beim Kamel?

(Das M)

F Welcher Buchstabe wird gern getrunken?

(T – Tee)

f Was steht mitten in Paris?

(Das r)

G Warum stehen Buchstaben so aufrecht?

(Weil sie einen Stab verschluckt haben)

g Kennst du fünf aufeinanderfolgende Tage, in denen kein a vorkommt?

(Vorgestern, gestern, heute, morgen, übermorgen)

H Welcher englische Buchstabe stellt eine Frage?

(Y – why – warum)

h Wer hat immer das letzte Wort?

(Echo)

Beim Bücherstapeln haben die Schubkarren alle Hände voll zu tun

I In welchem Buchstaben können englische Kinder schwimmen?

(C – sea – Meer)

i Was macht ein Gelehrter, wenn er ein Buch lesen will?

(Er schlägt es auf)

J Welchen Buchstaben kann man in England essen?

(P – pea – Erbse)

j Welcher Monat ist der kürzeste?

(Mai – Er hat nur drei Buchstaben)

K Vor welchen drei Buchstaben haben englische Diebe Angst?

(I C U – I see you. – Ich sehe dich)

k Womit fängt der Tag an und hört die Nacht auf?

(Mit t)

L Wo findet ein Massenmörder Unterstützung?

(Im Lexikon)

l Welcher Abschiedsgruß hat fünf Buchstaben?

(Hau ab!)

M Nenne eine Familienratte.

(Leseratte)

m Warum kann der Buchstabe e nicht arbeiten?

(Weil er im Bett liegt.)

N Welchen Planeten und welchen deutschen Fluß kann man mit jeweils zwei Buchstaben schreiben?

(RD – Erde, LB – Elbe)

n Nenne ein Beet ohne Pflanze.

(Alphabet)

O Nimmst du von fünf Buchstaben einen weg, so erhältst du acht.

(N-acht)

o Kannst du Gras mit drei Buchstaben schreiben?

(Heu)

P Wer trägt seinen Namen auf dem Rücken?

(Das Buch)

p Wie heißt es richtig: M ist der zwölfte Buchstabe im Alphabet oder des Alphabets?

(M ist der dreizehnte Buchstabe.)

Q Was haben ein Buch und ein Chefarzt gemeinsam?

(Titel)

q Was steht mitten im Feuer, ohne zu verbrennen?

(Das u)

R Das Tier, das Hans verehrt, versteckt sich in diesem Satz.

(Reh – ve-reh-rt)

r Zwei Eskimos wollen ein Iglu bauen. Womit fängt jeder an?

(Mit i)

S Welche Person ist in jedem Roman zu finden?

(Oma)

s Womit fangen Zahnschmerzen immer an?

(Mit Z)

T Welchen Schatz besitzt bestimmt jeder?

(Wortschatz)

t Was ist bei jedem Menschen groß?

(Das M)

U Welche Aale kann man nicht essen?

(Vokale)

u Was kann keiner mit Worten ausdrücken?

(Einen nassen Schwamm)

V Welches Wort steht fast in jedem Buch?

(Vorwort)

v Was haben London und München gemeinsam?

(Zwei n)

W Wo kommt die Hochzeit vor der Verlobung?

(Im Lexikon)

w Welches Wort hat drei Silben und 26 Buchstaben?

(Alphabet)

Echte Leseratten nehmen ihr Buch selbstverständlich mit aufs Skateboard

X In welchen Wellen sind Sätze zu finden?

(In Novellen)

x Welches ist der mittlere Buchstabe im ABC?

(Das B)

Y Was haben Bücher und Parkett gemeinsam?

(Sie werden verlegt.)

y Welcher Wurm kann sprechen?

(Bücherwurm)

Z Was haben ein Arbeitsamt und eine Bisamratte gemeinsam?

(Alle Buchstaben)

z Welche Sätze sind am letzten Tag des Jahres besonders beliebt?

(Vorsätze)

Leseskaten

Wenn zwei Leseratten leseskaten, kommen alle Bücherwürmer aus ihren Löchern gekrochen, um ihnen dabei zuzuschauen. Die beiden Leseratten setzen sich Rücken an Rücken aufs Skateboard. Während die eine das Skateboard über eine markierte Rennstrecke hin und zurück lenkt, „liest" die andere eine ausgewählte Doppelseite in einem Buch. Wieder am Start angekommen, wechseln beide schnell ihre Plätze und starten noch einmal über die gleiche Strecke. Nach dem zweiten Durchlauf zählen beide auf, was sie gesehen oder gelesen haben, und bekommen für jede richtige Antwort einen Punkt. Für kleinere Kinder wählen Sie eine Doppelseite mit vielen Tiere. Größere lesen die Überschriften im Inhaltsverzeichnis. Ziehen Sie von 60 vorgegebenen Sekundenpunkten die für die Fahrt verbrauchte Zeit ab!

Bücherwürmerwettkriechen

Jeweils zwei Kinder bilden einen Bücherwurm, indem sie sich auf allen vieren ein Buch zwischen den Popo des Vordermannes und den Kopf des Hintermannes klemmen. Das lustige Bücherwürmerwettkriechen kann beginnen. Wenn es den Kindern Spaß macht, hängen Sie noch ein Kind dran. Je länger die Bücherwürmer sind, um so lustiger wird es. Zum Abschluß des Spiels erklingt Musik für eine Bücherwürmerpolonaise.

Bücherwettlauf
Alle Kinder sitzen im Kreis. Sie bilden zwei Gruppen, indem sie abwechselnd „Bücherwurm, Leseratte, Bücherwurm, Leseratte" rufen. Ein Bücherwurm und eine ihm gegenübersitzende Leseratte bekommen je ein Buch in die Hand. Nun werden die Bücher in jeder Gruppe, also von jedem zweiten Kind im Kreis, weitergereicht. In welcher Gruppe erreicht das Buch zuerst den Ausgangsspieler? Spielen Sie das Wettrennen auch einmal mit dem Ziel, daß ein Buch das andere überholen soll!

Schwieriger Buchstabentransport
Zwei Mannschaften werden gebildet. Jedes Kind steckt eine Salzstange oder einen Strohhalm in den Mund. Die beiden ersten nehmen mit der Stange einen Buchstabenkeks hoch und reichen ihn an ihre Nachbarn weiter – ohne die Hände zu benutzen. Welche Gruppe schafft es am schnellsten? Für heruntergerutschte Buchstaben können Pfänder verlangt werden.

Puzzeln mit Bücherpresse
Die Teile eines Puzzles (je 25 Teile) liegen auf dem Boden. Zwei Kinder nehmen ein Taschenbuch zwischen ihre Stirnen, setzen sich vorsichtig und beginnen damit, das Puzzle zusammenzusetzen. Funktioniert die Bücherpresse? Sobald das Buch fällt, müssen beide wieder aufstehen, die Bücherpresse in Gang setzen und sich auf den Boden zum Weiterpuzzeln begeben. Für einen Wettkampf messen Sie mit einer Stoppuhr die Zeit.

Zuhörerwettbewerb
Sie kennen sicherlich Lesewettbewerbe, bei denen sich Kinder um möglichst fehlerfreies und ausdrucksvolles Lesen bemühen. In unserem Spiel darf der Vorleser seine Zuhörer testen. Während er eine Geschichte vorliest, sollen sie die vorkommenden A zählen. Wer zehn gehört hat, soll „Stopp" rufen. Hat das Kind recht, darf es die Geschichte weiterlesen. Wenn nicht, muß es in der nächsten Runde aussetzen. In den folgenden Runden werden O, U, I, E oder Wörter wie „der", „ein" oder „und" gezählt. Ihnen fallen sicher noch mehr Möglichkeiten ein, bis die Geschichte zu Ende ist.

Das klappt schon wunderbar: Gleich rutscht der Buchstabe auf die nächste Salzstange

Lesefutter

Buchstabenleckereien

Für den Teig:
¼ l Wasser
60 g Butter
1 Prise Salz
190 g Mehl
4 Eier
Für die Schokoladenfüllung:
1 Becher süße Sahne
150 g Vollmilchschokolade
1 Päckchen Sahnesteif
Für den Vanillequark:
250 g Quark
Saft von 1 Zitrone
2 Päckchen Vanillinzucker
einige Tropfen Rumaroma
1 TL feingeriebene Zitronenschale
Zucker nach Geschmack
Für das Fruchtgelee:
250 g Himbeeren oder Erdbeeren
1 Tasse Kirschsaft
1 Päckchen Vanillinzucker
1 TL Zimt
1 Päckchen gemahlene Gelatine
Zucker nach Geschmack
Zum Dekorieren:
Schokoladenglasur
weiße Zuckerglasur
Zuckerspritzglasur
Liebesperlen
Zuckerstreusel
farbstofffreie Gummibärchen

Bringen Sie das Wasser mit Butter und Salz zum Kochen. Geben Sie das Mehl dazu, und rühren Sie mit dem Kochlöffel kräftig um, bis sich der Kloß vom Topf löst.
Nehmen Sie die Masse vom Feuer, lassen Sie sie etwas abkühlen, und schlagen Sie die Eier nach und nach unter den Teig.
Füllen Sie den Teig in einen Spritzbeutel, und spritzen Sie Buchstaben auf ein bemehltes Backblech. Im vorgeheizten Backofen bei 180 °C (Gas Stufe 2) 15–20 Minuten ausbacken.
Nehmen Sie die Buchstaben heraus, und schneiden Sie sie längsseits auf.
Verrühren Sie für die Schokoladenfüllung die Sahne mit der Vollmilchschokolade in einem Topf, bis sich beides verbunden hat. Lassen Sie es vollständig erkalten, und schlagen Sie es dann mit Sahnesteif schaumig.
Rühren Sie für den Vanillequark den Quark mit den Zutaten glatt, und zukkern sie nach Belieben.
Zerdrücken Sie für das Fruchtgelee die gewaschenen Früchte in einer

Schüssel mit einer Gabel. Erhitzen Sie den Saft mit Vanillinzucker und Zimt, und lösen Sie darin die Gelatine auf. Im Kühlschrank erkalten lassen.
Streichen Sie die Füllungen auf den unteren Teil der Buchstaben, und dekken Sie sie ab. Bestreichen Sie die Oberteile mit Zucker- und Schokoladenglasur, und verzieren Sie sie mit Zuckerspritzglasur und kleinen bunten Leckereien.
(Foto S. 132)

Buchstabennudelsuppe

Ergibt 4 Portionen
100 g Buchstabennudeln
etwas Salz
400 g bratfertige Poulardenbrustfilets
2 EL Sonnenblumenöl
1 kleiner Zucchino, in Streifen
je ½ gelbe und rote Paprikaschote, in Streifen
etwa 1 l Geflügelfond aus dem Glas
etwas gemahlener weißer Pfeffer
1 Prise geriebener Muskat

Kochen Sie die Nudeln in Salzwasser bißfest, gießen und schrecken Sie sie ab. Schneiden Sie inzwischen das Poulardenfleisch in Stücke, braten Sie es in 1 Eßlöffel heißem Öl an, und stellen Sie es beiseite.
Schwitzen Sie das Gemüse im restlichen erhitzten Öl an, füllen Sie alles mit dem Fond auf, und lassen Sie es aufkochen.
Geben Sie Nudeln und Fleisch hinein, erwärmen Sie das Ganze, und schmecken Sie es mild ab.
(Foto S. 133)

Max und Moritz

150 g Magerquark
1 Prise Salz
2 Radieschen
1 EL gehackte Petersilie
2 Scheiben Mehrkornbrot
Zum Dekorieren:
2 Salatblätter (z. B. Lollo rosso)
1 Radieschen
einige Schnittlauchhalme
das Ende einer Salzgurke
2 rote, schmale Paprikastreifen
3 grüne Erbsen
1 große Möhre
1 Gurkenscheibe
2 schmale Apfelspalten mit grüner Schale
4 Porreeringe
1 Beet Kresse

Schmecken Sie den Magerquark mit dem Meersalz ab, und teilen Sie ihn in zwei Portionen. Rühren Sie die gewa-

schenen und klein gewürfelten Radieschen unter eine Portion, die Petersilie unter die andere. Streichen Sie den Quark jeweils auf eine Scheibe Mehrkornbrot.
Für die Dekoration alle Zutaten waschen und trockentupfen.
Legen Sie die Salatblätter an die obere Kante der einen Scheibe, und drücken Sie sie an den Quark. Halbieren Sie die Radieschen, und ritzen Sie jeweils in die rote Schale eine Kerbe. Setzen Sie die „Radieschenaugen" mit der Schnittfläche nach unten auf das Brot.
Dekorieren Sie anschließend mit Schnittlauchstücken rundherum „Wimpern". Drücken Sie das Gurkenstück als „Nase" in die Mitte. Legen Sie die Paprikastreifen als „Mund" darauf. Setzen Sie zwischen die beiden Streifen die Erbsen als „Zahnlücken".
Schneiden Sie für die zweite Scheibe die Spitze der Möhre sowie 2 weitere Scheiben ab.
Schneiden Sie dann die Möhre mit einem Juliennereißer in dünne Streifen, und legen Sie sie als „krause Haare" an den oberen Rand.
Die Gurkenscheiben halbieren und die Kerne herausschneiden. Legen Sie die Stücke mit der Schnittfläche nach unten als „Augen" auf das Brot. Setzen Sie die beiden Möhrenscheiben in die Gurkenrundungen. Nehmen Sie die Möhrenspitze als „Nase".
Dekorieren Sie die Apfelstücke als „Mund". Ketten Sie jeweils 2 Porreeringe ineinander, und drücken Sie sie links und rechts der Brotscheibe als „Ohrringe" in den Quark.
Schneiden Sie die Kresse vom Beet ab, und streuen Sie sie über einen großen Teller. Legen Sie die beiden Brotgesichter darauf.
(Foto S. 134)

Buchweizenpfanne

Ergibt 6 Portionen
3 Zwiebeln
6 TL Sonnenblumenöl
300 g Buchweizenkörner
3/4 l Gemüsebrühe
3 rote Paprikaschoten
3 grüne Paprikaschoten
300 g Erbsen
300 g Maiskörner
Salz
frisch gemahlener schwarzer Pfeffer
Paprikapulver edelsüß
6 TL gehackte Petersilie

Die Zwiebeln schälen und fein hacken. Erhitzen Sie das Öl in einer Pfanne, und dünsten Sie die Zwiebelwürfel darin glasig. Fügen Sie den Buchweizen hinzu, und braten Sie ihn unter mehrmaligem Wenden von allen Seiten leicht an.
Waschen und putzen Sie in der Zwischenzeit die Paprikaschoten, und schneiden Sie sie in kleine Würfel. Geben Sie sie zum Buchweizen. Gießen Sie die Gemüsebrühe unter Rühren an, und lassen Sie alles etwa 10 Minuten bei leichter Hitze köcheln.
Geben Sie die Erbsen und Maiskörner zum Buchweizen, würzen Sie alles mit etwas Salz, Pfeffer und Paprika, und garen Sie nochmals alles etwa 5 Minuten.
Bestreuen Sie die Buchweizenpfanne mit der gehackten Petersilie.
(Foto S. 135)

Winterliches Weihnachtsfest

Zu dieser Jahreszeit passiert so viel, daß ein Geburtstag im Dezember leicht im allgemeinen Trubel untergeht. Eine Geburtstagsparty ist deshalb besonders wichtig und kann ziemlich einfach organisiert werden: In der Vorweihnachtszeit ist das Haus sowieso geschmückt, und einen Christbaum gibt es auch – all dies erspart Ihnen eine Menge Arbeit! Denken Sie daran, die Einladungskarten rechtzeitig zu verschicken, da viele Leute vielleicht verreist sind.

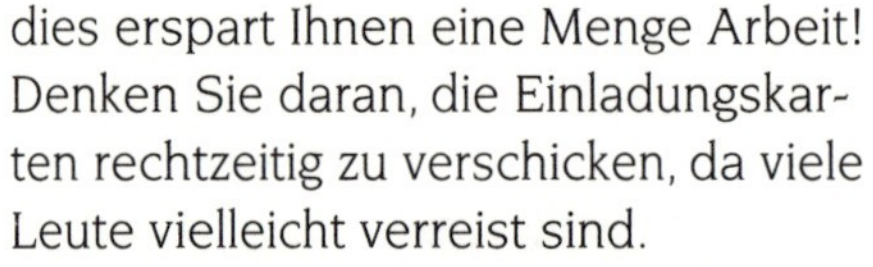

In der Vorweihnachtszeit bietet es sich an, Plätzchen als Anhänger für die Einladungskarten zu backen. Schneiden Sie mit einem Messer weihnachtliche Motive aus dem Teig aus, und stechen Sie oben vor dem Backen ein Loch ein. Fädeln Sie ein Band durch die gebackenen und abgekühlten Plätzchen, und befestigen Sie daran ein Kärtchen mit den Informationen für die Party.

Sie können aber auch Christbäume aus Zeichenkarton ausschneiden und Ihre Kinder bitten, sie mit Aufklebern und Glitter zu verzieren.

Spiel und Spaß

Schatzsuche

Nehmen Sie kleine Gegenstände wie Knöpfe, Stifte, Wäscheklammern und so weiter, und verstecken Sie sie irgendwo im Haus. Nähen Sie die Knöpfe zum Beispiel an einen Vorhang, oder klemmen Sie die Wäscheklammern an ein Kissen.

Geben Sie jedem Kind eine Liste mit den versteckten Gegenständen, und fordern Sie sie auf, sie zu suchen. Wenn sie einen der Gegenstände gefunden haben, sollen sie ihn nicht einsammeln, sondern auf ihrer Liste vermerken. Das Kind, das alle Gegenstände gefunden hat, ist der Sieger des Spiels.

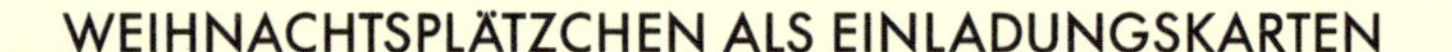

WEIHNACHTSPLÄTZCHEN ALS EINLADUNGSKARTEN

Ergibt etwa 15 Stück
125 g Butter, 50 g Zucker
175 g Mehl, 250 g Puderzucker
silberne Liebesperlen zum Verzieren
20 cm schmales Geschenkband

★ Schlagen Sie die Butter, bis sie weich ist, und fügen Sie nach und nach den Zucker und das Mehl hinzu. Kneten Sie den Teig, bis er glatt ist.

★ Rollen Sie den Teig auf einer mit Mehl bestäubten Arbeitsfläche aus, und stechen Sie mit einem Sternenförmchen 6,5 cm große Sterne aus. Bringen Sie an einer Spitze mit einem Spießchen ein Loch an.

★ Backen Sie die Sterne etwa 25 Minuten in einen auf 150 °C (Gas Stufe 1) vorgeheizten Backofen. Legen Sie sie zum Abkühlen auf ein Kuchengitter.

★ Mischen Sie den Puderzucker mit so viel Wasser, daß ein ziemlich steifer Zuckerguß entsteht. Bestreichen Sie die abgekühlten Plätzchen mit dem Zuckerguß, und achten Sie darauf, daß das Loch freibleibt.

★ Geben Sie dann die silbernen Liebesperlen auf den Zuckerguß, und lassen Sie ihn fest werden. Sie können einen Teil des Zuckergusses auch einfärben und damit die Namen der Kinder auf die Plätzchen spritzen.

★ Fädeln Sie ein Stück des Geschenkbands durch das Loch.

Die Vorlage für die Engelsflügel von S. 138 finden Sie auf dem Bogen.

NOEL
NOEL

Schneeflocken

Halten Sie viele Bögen Papier bereit, die Sie je zweimal zusammenfalten. Außerdem brauchen Sie einige Scheren und Wachsmalkreiden oder Filzstifte. Fordern Sie die Kinder auf, Muster in die zusammengefalteten Zettel zu schneiden. Wenn sie das Papier dann auseinanderfalten, entsteht ein Schneeflockenmuster, das sie bunt anmalen und mit nach Hause nehmen können.

Weihnachtspost

Für dieses Spiel brauchen Sie einen Blumentopf, ein Tablett, viele Murmeln und eine Gabel. Prüfen Sie, ob die Murmeln durch das Loch am Boden des Blumentopfes passen. Stellen Sie den von den Murmeln umgebenen Blumentopf dann umgekehrt auf das Tablett. Jedes Kind hat eine Minute Zeit, um mit Hilfe der Gabel so viele Murmeln wie möglich durch das Loch zu werfen! Das Kind, das die meisten Murmeln „einwirft", hat gewonnen.

Sockenfühlen

Nehmen Sie eine große, dicke Wollsocke, und geben Sie einen Gegenstand hinein, ohne daß die Kinder ihn sehen. Die Kinder kommen dann nacheinander zu Ihnen, befühlen die Socke und flüstern Ihnen ins Ohr, was sich ihrer Meinung nach in der Socke befindet. Wenn alle an der Reihe waren, zeigen Sie ihnen den Inhalt.

Weihnachtsmotive

Erstellen Sie vor der Party eine Liste mit Weihnachtsmotiven: Rentiere, Engel, usw. Teilen Sie die Kinder dann in Gruppen ein, und geben Sie jeder Gruppe etwas Papier und einen Stift. Fordern Sie das erste Kind in jeder Gruppe auf, nacheinander zu Ihnen zu kommen, und flüstern Sie ihnen dann den ersten Begriff ins Ohr. Die Kinder gehen dann zu ihrer Gruppe zurück und versuchen, das Motiv für ihre Mitspieler aufzuzeichnen. Sobald ein Mitspieler das Motiv erkannt hat, kommt das nächste Kind zu Ihnen.

Festliches Essen

Heiligabendkuchen

250 g Butter oder Margarine
250 g brauner Zucker
5 geschlagene Eier
350 g gesiebtes Mehl
1 EL Lebkuchengewürzmischung
125 g kandierte Kirschen, in Vierteln
50 g zerkleinerte Nußmischung
125 g Orangeat und Zitronat gemischt
300 g Sultaninen
300 g Rosinen
300 g Korinthen
Mit Geschenkpapier bedeckte runde Kuchenplatte (Durchmesser 28 cm)
Für die Marzipandekoration:
500 g Marzipanrohmasse
350 g Puderzucker
grüne, gelbe, rote und schwarze Lebensmittelfarbe
Für den Zuckerguß:
1 Eiweiß
250 g Puderzucker
Zum Dekorieren:
silberne und goldene Liebesperlen
Bunte Schokolinsen (Smarties)
Puderzucker zum Bestäuben
Goldstern
kleine eingepackte Pralinen

Fetten Sie eine tiefe, runde Form mit 15 cm Durchmesser ein, und legen Sie den Boden mit Backpapier aus. Entfernen Sie Deckel und Boden einer leeren, tiefen Konservendose (Durchmesser 7,5 cm). Stellen Sie sie auf ein Backblech, und legen Sie den Boden ebenfalls mit Backpapier aus. Schlagen Sie die Butter oder Margarine und den braunen Zucker, bis eine lockere, cremige Mischung entsteht. Geben Sie die Eier nach und nach dazu. Rühren Sie dann das Mehl und die Gewürzmischung ein. Heben Sie die kandierten Kirschen, die Nüsse, Orangeat und Zitronat sowie die Sultaninen, Rosinen und Korinthen unter. Verteilen Sie die Masse auf die beiden Kuchenformen. Geben Sie sie in den auf 140 °C (Gas Stufe 1) vorgeheizten Backofen. Backen Sie den kleinen Kuchen 1 ½ Stunden und den großen Kuchen 2 ½ Stunden. Lassen Sie die Kuchen in der Form abkühlen. Schneiden Sie den großen Kuchen horizontal in drei Scheiben. Schneiden Sie von dem kleinen Kuchen drei 2,5 cm dicke Scheiben zu, und legen Sie den Rest des Kuchens beiseite. Lassen Sie eine Scheibe des großen Kuchens, wie sie ist. Legen Sie die restlichen fünf Kuchenscheiben aufeinander und schneiden Sie sie so zu, daß sie sich nach oben verjüngen. Legen Sie dann die große Scheibe als Basis des Baums auf die Kuchenplatte.

Für die Marzipandekoration verkneten Sie die Marzipanrohmasse mit dem Puderzucker. Färben Sie zwei Drittel der Marzipanrohmasse mit grüner Lebensmittelfarbe, und geben Sie den Rest zur späteren Verwendung in einen Plastikbeutel.

Rollen Sie etwa ein Viertel der grünen Marzipanmasse auf einer leicht mit Puderzucker bestäubten Arbeitsfläche zu einem Kreis aus, der etwa 5 cm größer als die Grundfläche des Kuchens ist. Legen Sie den Marzipankreis über den Kuchen, und glätten Sie die Oberfläche. Legen Sie darauf die zweite, etwas kleinere Kuchenscheibe. Rollen Sie weitere Marzipanmasse aus, und legen Sie sie so über den Kuchen, daß das Marzipan den Kuchen in weichen Falten umhüllt. Wiederholen Sie das Ganze mit den restlichen Kuchenscheiben. Setzen Sie einen kleinen Kegel aus Marzipan ganz oben auf den Kuchen, und drapieren Sie darauf die oberste, in weiche Falten gelegte Schicht Marzipan. Färben Sie kleine Stückchen Marzipan gelb und rot. Rollen Sie sie zu langen Würsten aus, drehen Sie sie zusammen, und schneiden Sie sie in 4 cm lange Stücke. Biegen Sie jeweils ein Ende um, so daß kleine Stöckchen entstehen. Lassen Sie sie über Nacht auf einer Folie oder einem Wachstuch liegen, damit sie fest werden.

Für den Zuckerguß schlagen Sie das Eiweiß und den gesiebten Puderzucker, bis die Mischung kleine Spitzen bildet. Füllen Sie sie anschließend in einen Spritzbeutel mit einer großen Spritztülle.

Spritzen Sie kleine Punkte aus Zuckerguß auf den Kuchen, und kleben Sie darauf die silbernen und goldenen Liebesperlen, die bunten Schokolinsen und die Stöckchen bis auf einen aus Marzipan. All dies dient als „Baumbehang".

Spritzen Sie in großzügigen Schleifen Girlanden auf den Kuchen. Lassen Sie die dekorativen Elemente mindestens 2 Stunden hart werden, bevor Sie den Kuchen bewegen. Bestäuben Sie den Kuchen leicht mit gesiebtem Puderzucker, um einen Schneeeffekt zu erzeugen. Befestigen Sie den Goldstern an der Spitze des Kuchens.

Für die Mäuse färben Sie fast das gesamte restliche Marzipan für den Baum grau, indem Sie schwarze Lebensmittelfarbe verwenden. Formen

Sie für die Körper drei pflaumengroße Marzipanbällchen, und setzen Sie sie auf eine Folie oder ein Wachstuch. Formen Sie drei kleinere Bällchen für die Köpfe, und kleben Sie sie dann mit etwas Zuckerguß an die Mäusekörper. Formen Sie die vorderen Gliedmaßen, halbkreisförmige Füße und Ohren, und befestigen Sie alles am Körper. Rollen Sie lange Würste aus Marzipan, und kleben Sie sie als Schwänze an die Mäusekörper. Befestigen Sie die Schokolinsen mit Hilfe von Zuckergußpünktchen als Augen. Färben Sie das restliche Marzipan rot, und stellen Sie daraus Fliegen und Hüte für die Mäuse her.
Plazieren Sie die Mäuse und die kleinen eingewickelten Pralinen auf der Kuchenplatte. Geben Sie einer Maus den beiseite gelegten Marzipanstock als Spazierstock in die Hand.
(Foto S. 139)

Sellerieboote

Ergibt etwa 20 Stück
125 g Doppelrahmfrischkäse
1 EL geschnittener Schnittlauch
1 in Streifen geschnittene Stangensellerie
Pergamentpapier
Zahnstocher
einige in Streifen geschnittene Salatblätter
Salz und Pfeffer

Geben Sie den Doppelrahmfrischkäse zusammen mit dem Schnittlauch in eine Schüssel. Würzen Sie die Mischung mit Salz und Pfeffer, und rühren Sie sie, bis sie glatt ist. Geben Sie etwas von der Mischung auf jeden Selleriestreifen, und glätten Sie den Belag. Schneiden Sie alle Streifen in 6 cm lange Stücke.
Schneiden Sie aus dem Pergamentpapier dreieckige Segel aus, spießen Sie sie auf Zahnstocher, und stecken Sie je ein Segel auf die Sellerieboote. Geben Sie den Salat auf einen Teller, und legen Sie die Sellerieboote dann darauf.
(Foto S. 140: oben)

Thunfischkutter

Ergibt 24 Stück
1 Dose Thunfisch ohne Sauce
50 g weiche Margarine
3 EL Mayonnaise, Salz und Pfeffer
12 kleine längliche Brötchen
¼ Gurke, 1 Karotte

Geben Sie den Thunfisch in eine Schüssel, und zerdrücken Sie ihn mit einer Gabel. Fügen Sie die Margarine und die Mayonnaise hinzu, und würzen Sie mit Salz und Pfeffer. Rühren Sie alles mit einer Gabel, bis die Mischung glatt ist. Halbieren Sie die Brötchen, geben Sie 2 EL der Thunfischmischung auf jede Hälfte, und glätten Sie die Oberfläche. Schneiden Sie die Gurke und die Karotte in 2 cm lange Streifen, und stellen Sie jeweils einen davon senkrecht auf die Brötchen.
(Foto S. 140: Mitte)

Schweinsöhrchen

Ergibt etwa 30 Stück
1 Päckchen aufgetauter Tiefkühlblätterteig
1 EL Vitam R (gibt's im Reformhaus)
½ EL Wasser

Rollen Sie den Teig auf einer bemehlten Arbeitsfläche zu einem dünnen, 25 x 30 cm großen Rechteck aus. Mischen Sie das Vitam R mit dem Wasser, und bestreichen Sie damit den gesamten Teig. Rollen Sie ihn von der kürzeren Seite her wie eine Biskuitrolle locker zusammen, wobei die „Naht" an der Unterseite liegen soll. Stellen Sie die Rolle 20 Minuten kühl. Schneiden Sie die Rolle in 5 mm dünne Scheiben, legen Sie sie auf eingefettete Backbleche, und schneiden Sie die Scheiben jeweils vom Rand bis zur Mitte ein. Backen Sie sie dann 10 Minuten im auf etwa 200°C (Gas Stufe 3) vorgeheizten Backofen goldbraun.
(Foto S: 140: unten)

Schachbrettsandwiches

Ergibt 32 Quadrate
je 8 Scheiben Schwarz- und Weißbrot
50 g Butter, 6 EL Mayonnaise
3 klein geschnittene hartgekochte Eier
50 g Doppelrahmfrischkäse
75 g geriebener Käse
2 EL kleingeschnittener Schnittlauch, Salz und Pfeffer

Die Butter mit der Mayonnaise verschlagen, auf zwei Schüsseln verteilen. Die Eier in eine, Käse und Schnittlauch in die andere Schüssel geben und würzen. Machen Sie Sandwiches aus je einer Scheibe Schwarzbrot, der Füllung und einer Scheibe Weißbrot, und schneiden Sie jedes in vier Quadrate.
(Foto S. 141)

Schokonuggets

Ergibt 12 Stück
50 g Margarine, 175 g Vollmilchschokolade
2 EL klarer Honig
250 g zerkleinerte Roggenkekse
12 Schokolinsen (Smarties)

Margarine, Schokolade und Honig in einem Topf erhitzen, bis alles geschmolzen ist. Die Keksstücke hineinrühren und alles gut mischen. Die Mischung in eine flache, quadratische eingefettete und mit Backpapier ausgelegte Form füllen. Markieren Sie die Stücke mit einem Messer, und geben Sie je eine Schokolinse in die Mitte. Nach dem Abkühlen auseinanderschneiden.
(Foto S. 142: oben)

Lebkuchenfiguren

Ergibt 12 Stück
125 g Mehl
½ EL Natron
½ EL gemahlener Ingwer
½ EL gemahlener Zimt
25 g Butter
50 g brauner Zucker
2 EL Ahornsirup
1 EL Milch
50 g Puderzucker

Sieben Sie das Mehl, das Natron und die Gewürze in eine Schüssel. Geben Sie die Butter, den braunen Zucker und den Sirup in einen Topf, und erhitzen Sie die Mischung leicht, bis alles geschmolzen ist. Lassen Sie die Mischung etwas abkühlen, und geben Sie dann das Mehl und die Milch dazu, bis ein fester Teig entsteht. Füllen Sie ihn in einen Plastikbeutel, und stellen Sie ihn 30 Minuten kühl.
Legen Sie den Teig auf eine leicht mit Mehl bestäubte Arbeitsfläche, und rollen Sie ihn dann 5 mm dick aus. Schneiden Sie die Figuren mit einem Lebkuchenförmchen aus, und legen Sie sie auf eingefettete Backbleche.
Geben Sie die Figuren für etwa 10–15 Minuten in den auf 160 °C (Gas Stufe 1) vorgeheizten Backofen, bis sie fest geworden sind. Legen Sie die Lebkuchenfiguren zum Abkühlen auf ein Kuchengitter.
Mischen Sie den gesiebten Puderzucker mit so viel Wasser, daß ein dicker Zuckerguß entsteht. Füllen Sie ihn in einen Spritzbeutel mit einer feinen Tülle, und spritzen Sie damit Verzierungen auf die Lebkuchenfiguren.
(Foto S. 142: unten)

Kirschtörtchen

Ergibt 12 Stück
50 g geviertelte Maraschinokirschen
175 g Sojagranulat (gibt's im Reformhaus)
1 EL Zitronensaft
1 Eiweiß
50 g Zucker
12 Torteletts

Legen Sie 12 Kirschviertel beiseite. Mischen Sie das Sojagranulat, die Kirschen und den Zitronensaft, und verteilen Sie dann die Mischung auf die Torteletts.
Schlagen Sie das Eiweiß steif, und heben Sie dann den Zucker löffelweise darunter.
Füllen Sie die Mischung in einen Spritzbeutel mit einer 1 cm breiten Tülle, und spritzen Sie jeweils eine Rosette auf die Torteletts. Auf die Rosetten legen Sie dann je eines der beiseite gelegten Kirschviertel. Überbacken Sie die Törtchen hellgolden im auf 180 °C (Gas Stufe 2) vorgeheizten Backofen.
(Foto S. 142: Mitte)

Rezeptverzeichnis

Alte Hühnerknochen 90
Apfel-Ginger-Brause 41
Arme Ritter 64

Bananen-Powerdrink 101
Bauernfrühstücksbrot 30
Beerenmüsli 98
Bergsteigerkekse 71
Blinde Passagiere 24
Buchstabenleckereien 132
Buchstabennudelsuppe 133
Buchweizenpfanne 135

Clownsgesichtpizzas 54
Clownskuchen 52

Die Flügel des Seiltänzers 55
Drachenpizza 80

Eiseier 32
Erdbeermilchshake 41
Erdnußkraftschnitten 72
Eßbare Fliegenpilze 117

Feuerschluckerbrause 57
Fischhäppchen 124
Fledermausdip mit Marshmallow-spießchen 89
Früchte-Igel 115
Fruchtiges Kaninchen 109
Fruchtsalat „James Bond" 48

Gebackenes Hähnchen 106
Gebirgskuchen 69
Gemüseschwäne 65
Gespensterkuchen 86
Gespensterpizza 88
Goldnuggets 23
Grabsteinsandwiches 90

Hähnchenkeulen à la Sheriff 40
Haselnußklößchen in Orangen-schaum 83
Heiligabendkuchen 138
Hexenkekse 90
Hotdogs 124

Igelbrötchen 117

Kalbsrouladen nach Farmerart 32
Kalifornische Fruchtcreme 83
Kandierte Äpfel 73
Kanonenkugeln 23
Karibischer Dip 24
Karottenkuchen 123
Kartoffelnester 31
Kartoffeln nach Siedlerart 39
Käse-Erdnuß-Bällchen 109
Käsetaschen 125
Kirschtörtchen 143
Knüllerkuchen 48
Kokosmäuse 115
Kuchengrill 37

Lammkuchen 30
Lebkuchenfiguren 143
Leckere Flugzeug- und Fesselballon-Tischkarten 81
Lustige Kokosgesichter 109

Maissalat 39
Max und Moritz 133
Miniquiches 122
Möhren-Powerdrink 100
Möhrentorte 116

Negerkußgauner 48
Neuseeländische Apfelspeise 83

Orangen-Bananen-Drink 55
Orangenboote 25
Orangenmüsli 98
Orangen-Powerdrink 101

Partylichter 109
Pfefferminzcreme à la Robinson 73
Picknickburger 123
Pionierpasteten 70
Piratenfreude 25
Piratenschiffkuchen 21
Piratenschmaus 23
Pittataschen 38
Popcorntüten 72
Powerbrot 98

Rippchen für Viehdiebe 39
Rumpelstilzchenklöße 64

Schachbrettsandwiches 141
Schiffszwieback 23
Schildkrötenkuchen 104
Schimmliges Brot 23
Schlupflöcher vom Schmuggler-strand 49
Schoko-Erdnuß-Schnitten 41
Schoko-Karamel-Teilchen 56
Schokokuchen 57
Schokoladenbrocken 107
Schokonuggets 143
Schololadenkekse 40
Schweinsöhrchen 141
Seeräuberbrause 25
Sellerieboote 140
Sonnenpastete 122
Sonnenscheinkuchen 125
Spinatsuppe „Popeye" 100
Stock-und-Stein-Salat 90
Süße Schnecken 33
Süßsaure Sauce 39

Teddys Picknickkuchen 121
Teebrot für Wagehälse 71
Thunfischkutter 141
Tierchips 54
Tierpizza 106
Tiramisu 81
Totenfinger 91

Verrückte Rühreier 70

Weiße Mäuse 107
Würstchenkette 22
Würstchenraupe 54